韓 國 民 法 學 史 序 說

한국민법학사서설

한국민법전 이전의 민법학

韓 國 民 法 學 史 序 說

한국민법학사서설

한국민법전 이전의 민법학

윤대성 지음

KSI 한국학술정보㈜

» 머리말

어느 학문이든지 그 시작이 있는 것이다. 우리나라에서 민법학이 언제, 어떻게 시작되어서 오늘에 이르는 발전을 하게 되었는가에 의문을 갖지 않을 수 없다. 법학이라는 학문은 적어도 어떠한 형태이든지 법전이 시행됨에 따라서 시작되는 것이라 하지 않을 수 없다. 이와 같이 민법학이라는 학문의 발전도 민법전이 시행되면서 발전하는 것이라고 생각할 수 있다. 그러나 우리나라에 아직 민법전이 시행되지 않은 시대에 어떻게 민법학이라는 학문이 시작되었는가에 대한 의문을 해결하기 위하여 이 연구를 하게 된 것이다.

이 연구는 1998년도 교육부지원 한국학술진흥재단의 자유공모과제 연구비 지원에 의하여 "韓國民法典 以前의 民法學(Ⅱ): 初期 民法敎科書에 의한 民法學",[1] "韓國民法典 以前의 民法學: 兪星濬의 「法學通論」에서의 民法學",[2] "兪星濬의 「法學通論」에서의 民法學",[3] "日帝支配期(1905~1945)의 民法學"[4] 및 "美軍政期

1) 윤대성, "韓國民法典 以前의 民法學(Ⅱ): 初期 民法敎科書에 의한 民法學", 「現代法學의 課題와 展望」(觀淡 金允求박사화갑기념), (서울: 법문사, 1999.11), 17~31면.

2) 윤대성, "韓國民法典 以前의 民法學: 兪星濬의 「法學通論」에서의 民法學", 「成均館法學」, 제11집, (성균관대학교비교법연구소, 1999.12), 1~24면.

3) 윤대성, "兪星濬의 「法學通論」에서의 民法學", 「法理論과 實務」, 제3집, (영남민사법학회, 영남민사소송법학회, 1999.12), 5~36면.

(1945~1948)의 民法學"5) 등 중간발표를 한 뒤에 「韓國民法典 以前의 民法學」으로 한국학술진흥재단에 연구결과를 1999년 11월에 제출한 것이다. 이를 계기로 이 책을 공간하기에 이르렀다.

지금까지 이 주제에 관한 선행연구가 전혀 없는 상태에서 처음으로 연구를 시도하다 보니 자료의 수집에 있어서뿐만 아니라 자료의 선별에 있어서 많은 어려움이 있었다. 그러나 이 책을 공간함으로써 다른 연구자들에게 이 분야에 관심을 불러일으키고 연구할 수 있는 길을 열어 보자는 데 그 뜻을 찾고자 한다.

이 책이 우리나라 민법학의 발전에 있어서 잠시 되돌아보는 데 조그만 기여라도 할 수 있게 된다면 기쁘기 그지없을 것이다.

끝으로 이 연구가 이뤄지도록 지원하여 준 한국학술진흥재단에 깊이 감사를 드리면서 감히 공간을 하게 되었음을 밝혀 둔다.

2009년 2월에
지은이 씀

---

4) 윤대성, "日帝支配期 (1905~1945)의 民法學", 「社會科學研究」, 제6집, (창원대학교사회과학연구소, 2000.2), 3~48면.

5) 윤대성, "美軍政期(1945~1948)의 民法學", 「民事法의 實踐的 課題」(閑道 鄭煥淡교수 환갑기념), (서울: 법문사, 2000.2), 1~23면.

» 차 례

제1장 序論

제1절 研究의 目的

　우리나라가 근대화를 시작한 것은 1894년 동학혁명과 갑오경장으로부터 보아야 할 것이다. 이와 함께 새로운 사법제도를 운영하기 위하여 새로운 법률지식을 갖춘 법조인을 양성하기 위한 근대적인 법학교육이 1895년에 재판소구성법이 공포됨과 함께 설립된 법관양성소에서 시작되었다. 새로이 구성되는 근대적 재판소에서 전문적인 사법실무를 담당할 자격을 갖춘 사법관을 속성하기 위하여 설립된 법관양성소에서는 지금까지의 율학과 전혀 다른 법학통론, 민법, 형법, 민사소송법, 형사소송법 등이 기본과목으로 강의되었다.[1)]

　이와 같이 우리나라의 근대화와 함께 아직 민법전이 편찬되기도 전에 법관양성소에 의하여 민법학이 강의된 이후 오늘날에 이르고 있다. 그렇다면 우리나라의 민법학은 대한제국 초기로 거슬러 올라가서 그 뿌리를 찾을 수 있을 것이다.

　우리가 오늘날 민법을 연구함에 있어서 아무리 현대적인 주제를 다루는 경우이거나 비교적 고전적인 민법상의 논제를 고찰하는 경우이더라도 오래된 학설이나 판례를 고려하지 않을 수 없다고 생각한다. 우리나라의 민법전이 제정되어 시행된 지도 벌써 50년이 되어 가고 있는 오늘에 이르기까지 멈추지 않고 논의된 논고들이

---

1) 이와 같은 현실에 대하여, 朴秉濠 교수는 "당시에 아직 제정·시행되지 않고 있던 오늘날의 이른바 기본법에 대한 강의를 오히려 '현행 법률' 보다 더욱 비중 있게 취급한 점이 특기할 만하다. 이는 물론 명치유신 이후에 일본에 시행된 서구법의 계수과정이 일제의 입김 아래 그대로 반복적으로 소개된 것이라고 볼 수 있다."고 평가한다. 朴秉濠, "韓國法學敎育의 起源", 「近世의 法과 法思想」, (서울: 진원, 1996), 175면.

고색창연하게 있어 왔고, 앞으로도 끊임없이 이어질 것으로 본다. 그러나 오늘날 민법학의 발전은 선인들의 업적에 힘입어 그것을 뼈와 살로써 배양된 것에 지나지 않는다고 할 것이다.

오늘날의 현행민법을 연구함에 있어서도 舊民法(=조선민사령에 의하여 의용된 일본민법)에 소급하여 검토하는 것을 자주 볼 수 있다. 민법전의 제정을 전후하여 오늘에 이르기까지 학설 내지 판례를 찾아서 그 흐름을 추적하는 작업이나 각 제도 내지 법리의 발전을 검토하는 작업도 흔히 이뤄지고 있음을 알 수 있다.

이와 같은 관점에서 우리나라의 민법학은 어떻게 발전하였는가를 연구하고자 함을 목적으로 한다.

한 나라의 민법학의 발달을 연구하고자 하면 그 나라의 민법전이 편찬된 이후에 있어서 할 것이지만,[2] 우리나라에 있어서 민법전이 편찬되기 이전에 민법학의 현황은 어떠하였는가를 연구함으로써 현행 민법전의 편찬에 있어서 그 민법학이 미친 영향을 밝힐 수 있을 것으로 본다. 따라서 이 연구는 민법전의 편찬 이전에 있어서 우리나라 민법학의 始源을 찾아보고, 그 후에 어떻게 발전하여 우리나라의 민법전을 편찬하는 데에 영향을 주었는가를 밝히는 것을 목적으로 한다. 이것은 민법학사연구의 기초를 이루는 통사부분에 해당한다고 할 것이다.

특히 우리나라의 민법전의 편찬 이전에 있어서 민법학에서 논의된 주제를 중심으로 연구함으로써 인물 중심이 아니라 각 제도 내지 법리의 발전을 중심으로 함을 그 목적으로 한다.

---

2) 小柳春一郎, "明治前期の民法學: 法學協會における設例討論を素材として", 水本浩/平井一雄 編, 「日本民法學史・通史」, (東京: 信山社, 1997), 11頁.

이와 같은 연구는 한 나라의 민법학의 발전을 다루는 것으로서, 우리나라의 민법학이 발전한 과정을 밝혀 줄 뿐만 아니라 우리나라의 현재와 미래에 있어서 민법학이 어떻게 발전할 것인가를 예측함에 있어서도 그 필요성이 있다. 또한 민법학이 우리나라에서 민법전의 편찬과 그 이후의 학문으로 발전함에 있어서 그 정체성을 밝히는 데도 연구의 필요성은 있다.

제2절 研究의 內容, 範圍 및 方法

1. 研究의 內容 및 範圍

우리나라에 있어서 대한제국의 원년을 전후하여 민법학이 기원하게 되었다는 가설을 세우고, 이를 기점으로 하여 민법전이 편찬되기 이전의 시대에 한정하여 연구하고자 한다. 이것은 우리나라 민법학사의 서설적인 연구인 것이다. 그러므로 이를 시대적으로 구분하면, 대한제국시대, 일제지배기, 미군정시대와 대한민국수립기로 세분화할 수 있을 것이다.

이러한 역사의 전개 속에서 민법학이 어떻게 발전하게 되었는가를 밝히는 데 있어서 그 시대마다 논의된 민법학의 주제를 중심적인 고찰대상으로 다루는 것을 연구내용으로 한다.

따라서 대한제국시대에는 法官養成所를 중심으로 한 민법학, 일제지배기에 있어서는 不動産法調査會를 중심으로 한 한국관습법조사사업과 민사입법에 있어서 梅謙次郎에 의한 초기의 민법학과 한일합방 이후 조선민사령에 의한 依用民法에 관한 法學協會와 朝鮮司法協會, 기타 학회·협회로서 京城法學專門學校와 京城帝國大學에서의 민법학, 미군정시대에는 민법전편찬사업과 朝美法律家協會를 중심으로 한 민법학을 다루고자 한다.

이에 따라 연구내용을 구성하면, 위와 같은 시대구분에 의하여, 1. 대한제국기의 민법학으로 兪星濬의 「法學通論」에 의한 민법학과 초기 민법교과서에 의한 민법학, 2. 일제지배기의 민법학으로 (1) 부동산법조사회에 의한 민법학으로 회장 梅謙次郎의 민법학, (2) 법학협회에 의한 민법학과 (3) 조선사법협회에 의한 민법학 및 (4) 기타 학회·협회에 의한 민법학으로 경성법학전문학교와 경성제국대학에 있어서의 민법학, 3. 미군정기의 민법학으로 조미법률가협회에 의한 민법학과 한국민법전편찬에 의한 민법학으로 구분하여, 그 시대마다 논의한 주제를 중심적인 고찰대상으로 연구하고자 한다.

2. 硏究의 方法

이와 같은 연구는 역사법학으로서의 연구이다. 그러나 법학사는 법사학의 독립된 한 연구 분야인 것이다. 따라서 그 연구방법에 대하여 논의가 있을 수 있지만, 그 하나는 학자 중심적으로 법학사를 서술하는 방법을 생각할 수 있고, 다른 하나는 대학별 또는 학파별 법학사를 서술하는 방법을 생각할 수 있다.[3] 그러나 이 연구에서는 한국민법전이 편찬되기 이전의 민법학을 대상으로 한정함에 따라서 그 시대구분[4]을 대한제국기 - 일제지배기 - 미군정기로 나누고, 각 시대의 민법학에 관한 문헌자료를 직접자료로 하고 그 이후의 간접자료를 보충하여 문헌조사에 의한 문헌분석방법에 의하여 실증적인 연구를 하는 방법에 의하고자 한다. 그러나 각 주제에 따라서 관련자료를 수집하여 논의된 주제의 내용을 체계적으로 정리함으로써 각 시대의 민법학을 전체적으로 파악할 수 있도록 노력하고자 한다.

제3절 國內 · 外의 研究動向

먼저 국내의 연구동향을 보면, 개별적인 연구과제에서 각 제도의 발전이나 판례의 흐름을 소급적으로 추적하여 연구하는 경향은 있으나 아직 민법학의 발전에 관한 체계적인 연구는 없다.[5] 그러나 외국

---

3) 崔鍾庫, 「法學史」, (서울: 경세원, 1986), 14~17면.

4) 한국법제사의 시대구분에 대하여, 朴秉濠 교수는 (1) 씨족법시대(-B. C 4세기), (2) 부족법시대(B. C 3세기-AD 372), (3) 율령법시대 전기(A. D 373-10세기), (4) 율령법시대 후기(11세기-14세기), (5) 통일법전시대(15세기-19세기 말), (6) 서구법계수시대(19세기 말-1945), (7) 현대(1945-현재)로 나누고 있다. 朴秉濠, "韓國法制史의 時代區分과 各時代의 特徵", 「近世의 法과 法思想」, (서울: 진원, 1996), 22면 이하. 그러나 李熙鳳 교수는 일찍이 우리나라의 법제 면에서 시대구분을 (1) 고대의 관습법시대, (2) 신라통일기 이후 갑오경장 이전의 조선시대까지의 율령시대, (3) 갑오경장 이후 한일합방까지의 한말법령시대, (4) 일제하의 제령시대, (5) 해방 후 미군정하의 제령과 미군정법령과의 병용시대, (6) 대한민국수립 후의 대한민국법령시대로 구분하고, 다시 한말법령시대를 (1) 청일전쟁 후 갑오, 을미 양 연간의 경장시대(1894-1895), (2) 병신 고종아관파천 시부터 을사조약체결 시까지의 복고경향의 정체시대(1896-1905), (3) 을사조약체결 시부터 한일합방조약체결 시까지의 통감부시대(1905-1910)로 구분하였다. 李熙鳳, "韓末法令小考", 「학술원논문집」(인문사회과학편) 제19집(서울: 대한민국학술원, 1980), 153~154면.

5) 그러나 우리나라에서 법학 전반에 걸친 법학사의 체계적 연구는 崔鍾庫 교수에 의하여 이뤄진 「法學史」, (서울: 경세원, 1986)와 「韓國法學史」, (서울: 박영사, 1990)와 같은

의 연구동향은 독일을 비롯하여 일본에서도 활발하게 이뤄지고 있다. 독일에서는 이미 역사법학의 발전과 함께 로마법학파와 게르만 법학파의 법전논쟁을 비롯하여 많은 연구가 행하여졌다.6) 특히 일본에서도 최근에 「日本民法學史・通史」7) 등의 연구에 의하여 일본민법학의 발달을 명치 초기부터 태평양전쟁의 종료 시까지 시대구분에 따른 중심적인 고찰대상을 분석하고, 그 각론8)에서 현 시기에 걸친 것을 포함한 학설사의 연구로서 법인론사, 대리론사, 물권변동론사, 법정담보론사, 비전형담보론사, 채무불이행・계약책임론사, 위험부담론사, 하자담보론사, 부당이득론사를 다루고, 이와 함께 민법학의 방법과 제외국의 법률학(민법학)사에 관한 연구가 행하여졌다.9)

이와 같은 연구동향에 비춰 볼 때에 우리나라에서도 이 분야의 연구가 촉진될 필요가 있다고 본다.

이 연구에서는 국내외의 연구에 의한 결과를 바탕으로 우리나라의 민법학사에 관한 서설적인 연구를 한 것이다. 이 연구에 특히 崔鍾庫 교수의 「法學史」와 「韓國法學史」10)는 서지학적인 연구로서 많은 도움을 주었다.

훌륭한 저술이 있다. 이와 같은 훌륭한 崔 교수의 연구결과에 의하여 이 연구를 함에도 많은 도움을 받게 되었음을 밝혀 둔다.

6) 독일에서는 F. Schulz의 「로마法學史」(History of Roman Legal Science), F. Wieacker의 「近世私法史」(Privatrechtgeschichte der Neuzeit, 2. Aufl., 1967), R. Stinzing / E. Landsberg의 「독일法學史」(Geschichte der deutschen Rechtswissenschaft, 1880 / 84) 등이 있다.

7) 일본에서는 최근에 水本浩 / 平井一雄 編의 「日本民法學史・通史」(1997)와 「日本民法學史・各論」(1997)이 있다.

8) 水本 浩 / 平井宜雄 편, 「日本民法學史・各論」, (東京: 信山社, 1997).

9) 그 밖에도 川村泰啓, 「個人史としての民法學: 思想の體系としての比較民法學をめざして」, (東京: 中央大學出版部, 1995)를 비롯하여, 廣中俊雄 / 星野英一 편, 「民法典の百年 Ⅰ, Ⅱ, Ⅲ, Ⅳ」, (東京: 有斐閣, 1998) 등 커다란 작업들이 이뤄졌다.

10) 崔鍾庫, 「韓國法學史」(1990), 81~468면.

제2장 大韓帝國期(1894~1910)의 民法學

제1절 兪星濬의 「法學通論」에 있어서 民法學1)

1. 序 說

먼저 우리나라의 민법전이 제정되기 이전에 서양법학의 초기적 수용과정에서 민법학이 언제부터 어떻게 다뤄졌는가를 다루고자 한다. 이를 위하여 그 하나로서 우리나라 최초의 법학통론으로 알려진 兪星濬2)의 「法學通論」을 중심으로3) 민법학은 어떻게 소개,

---

1) 이 부분은, 1998년도 교육부지원 한국학술진흥재단의 자유공모과제 연구비 지원에 의한 "韓國民法典 以前의 民法學"의 발표로서, 嶺南民事法學會와 嶺南民事訴訟法學會 1999년도 춘계 공동학술대회(1999.5.8, 창원대학교)에서 제1주제 "韓國民法典 以前의 民法學: 兪星濬의 「法學通論」에서의 民法學"으로 발표한 내용으로, 尹大成, "韓國民法典 以前의 民法學: 兪星濬의 「法學通論」에서의 民法學", 「成均館法學」 제11호(성균관대학교비교법연구소, 1999), 1~24면 및 동, "兪星濬의 「法學通論」에서의 民法學", 「法理論과 實務」 제3집(영남민사법학회 · 영남민사소송법학회, 1999.12), 5~36면에 게재된 것임.

2) 兪星濬은 兪吉濬의 庶弟로 1860년 10월 21일에 출생하여, 1883년 10월에 일본의 慶應義塾에 입학을 하였으며, 1885년 1월에 귀국하여, 같은 해 5월에 統理交涉通商務衙門의 主事가 되었다. 그 후 1887년 6월에 國書釐正委員의 명에 의하여 일본에 주재하였고, 같은 해 8월에 귀국하여 內務部 主事가 되었다. 1891년에는 轉運署 事務官이 되었고, 1893년 5월에 遭運輪船 蒼龍號 수리를 위하여 日本 나가사끼港에 갔다가 8월에 귀국하였다. 1895년에 農商工部 會計局長에 취임하였으나 곧 사임하였으며, 같은 해 5월에는 명에 의하여 일본 요꼬하마港에서 세관율을 수습하기 위한 5인의 견습수세사무로 발탁되어 도일하였다가 같은 해 11월에 귀국하였다. 그러나 1896년 4월에 국사범의 혐의로 다시 일본으로 망명하게 되었다. 1897년 3월에 동경 부기전문학교에 입학하여 같은 해 8월에 졸업하고, 일본의 埼玉縣 巡査教習所에서 순사교습사무를 견습하였다. 다시 1898년 1월에 동경에 있는 明治法律學校에 입학하였으나, 1899년에 명에 의하여 귀국하였다. 그러나 1900년 3월에 국사범에 관련되었다는 무고에 의하여 警衛院에 체포되어 5개월 수감된 뒤에 유배되었다. 1903년 3월에 黃州邑 교회에서 기독교에 입교한 뒤에 서울 蓮洞教會에서 세례받았다. 1903년 12월에 通津郡守에 임관되고, 1904년 1월 18일에 內部 警務局長에 임명되었으며, 같은 해 8월에는 內務 地方局長과 治道局長을 겸임하였고, 같은 해 12월에는 學部 學務局長에 임명되었으며, 地方官銓考所長과 文官銓考所委員을 겸임하였다. 1907년에는 內務協辦에 승진하여 관제조사위원을 겸임하였고, 같은 해 8월에는 內閣 法制局長에 임명되어 文官銓考所委員을 겸임하였다. 다음 해인 1908년 1월에 法典調查局 위원에 임명되었다. 이상은 「大韓帝國官員履歷書」에 의하여 확인할 수 있는 兪星濬의 경력 내용이다. 崔鍾庫, 「韓國法學史」

논의되고 있는가를 분석하고자 한다.

2. 俞星濬의 「法學通論」에 관한 解題

(1) 一般法學으로서의 「法學通論」

이 법학통론은 俞星濬이 일반법학으로서 서양법학을 소개한 우리나라 최초의 법학서인 것이다. 그 가운데 민법학에 관한 내용을 목차를 통하여 보면 다음과 같다.[4]

> 제5편 民法[5] // 제1장 總則 / 제1절 人及法人 / 제2절 物 / 제3절 法律行爲 / 제4절 期間 / 제5절 時效 / 제2장 物權 / 제1절 主되ᄂ物權 / 제2절 從되ᄂ物權 / 제3장 債權 / 제1절 總則 / 제2절 契約 / 제3절 事務管理, 不當利得, 不法行爲 / 제4장 親族 / 제1절 戶主及家族 / 제2절 婚姻 / 제3절 親子 / 제4절 親權及後見 / 제5절 扶養 / 제5장 相續 / 제1절 家督相續及遺産相續 / 제2절 遺言 / 제3절 遺留分

이와 같이 제1편 總論에서는 법 일반에 관한 것을 내용으로 하고, 제2편에서는 憲法에 관하여, 제3편에서는 行政法에 관하여, 제

(1990), 232~234면 및 「大韓帝國官員履歷書」(서울: 探求堂, 1972) 참조.

3) 우리나라 최초의 法學通論에 관한 연구는, 崔鍾庫, "韓國 最初의 「法學通論」", 「法學」 제22권 4호(서울대학교 법학연구소, 1981), 87~101면 참조. 초기의 民法敎科書는 俞星濬의 「法學通論」이 漢城印刷株式會社에서 博文社 편집으로 學部檢定 江華府 私立普昌學校 출판으로 初刊이 발간된 1905년 이후 1907년경에 나타나고 있다. 따라서 우리나라에서 최초로 서양의 民法學을 소개한 것은 俞星濬에 의하여 法學通論을 통해서 이뤄진 것으로 추정된다. 崔鍾庫, 「韓國法學史」(서울: 박영사, 1990), 299~319면 참조.

4) 여기에서 引用하는 것은, 著者兼發行者 俞星濬의 「法學通論」으로 隆熙4年(1910) 6월 13일에 廣韓書林에서 刊行된 3版에 의한다. 이 版本은 동아대학교 법과대학 金孝全 교수가 미국 캘리포니아 대학에서 발굴한 것으로 한국법제연구원이 1997년 12월 15일에 影印發行한 것이다. 여기에서는 民法 가운데 親族, 相續의 부분을 제외한다.

5) 위의 책, 155~232면.

4편에서는 刑法에 관하여, 제6편에서는 商法에 관하여, 제7편에서는 訴訟法에 관하여, 그리고 제8편에서는 國際法에 관하여 각각 서술하면서, 제5편에서 民法[6]에 관하여 서술하고 있다. 이는 오늘날의 法學通論 또는 法學槪論의 편제와 거의 다름이 없다.[7] 그러나 이 가운데 民法에 관한 부분을 보면, 제1장에 總則을, 제2장에 物權을, 제3장에 債權을, 그리고 제4장에 親族과 제5장에 相續을 서술하고 있다. 이것은 우리나라의 민법학을 처음으로 소개한 것이고, 민법학에 있어서 그 체계를 제시한 것이나 다름이 없다.

(2)「法學通論」의 저술동기

특히 저자인 兪星濬의 이와 같은 저술동기가 무엇이었는가를 그의 自序를 통하여 살펴볼 필요가 있다.

첫째로, 국가가 번성하기 위하여 법이 있어야 한다는 것이다.[8] 따라서 국가가 번성하려면 교화와 더불어 법이 있어야 함을 강조하였다.

둘째로, 국가를 다스리는 일에 종사하는 사람과 그 뜻을 둔 사람은 법학이 중요하므로 지금 외국에서도 법학의 대요를 가르치고 있다는 것이다.[9] 따라서 법학의 중요성을 강조하였다.

---

6) 이 民法이라는 개념에 대하여, 民法이라는 용어는 19세기 일본 법학자 津田眞道가 만든 것이라고 한다. 즉 네덜란드어로 Burgerlyk regt이었던 것을 일본어로 옮긴 것에서 유래한다는 것이다. 鄭鍾休,「역사속의 민법」(서울: 교육과학사, 1994), 28면.

7) 崔鍾庫,「韓國法學史」(1990), 248면.

8) 大海를欲渡홈으ㅣ船舶을必由ㅎ고船舶을必用홈으ㅣ舵楫을必由ㅎᄂ니國家를經紀홈으ㅣ亦是理와同ㅎ야敎化와法律을必資ㅎᄂ海와如ㅎ고敎化ᄂ船舶과如ㅎ며法律은舵楫과同ㅎ니大海를橫斷ㅎᄂ船舶이舵楫의完全홈을依ㅎ야其功을始奏홈갓치一國을興隆ㅎᄂ敎化도法律의善美홈을得ㅎ야其效가乃著ㅎᄂ니然則法律이國家에關係됨이果然何如ㅎ뇨. 兪星濬, 自序,「法學通論」(京城: 廣韓書林, 1910), 1면.

셋째로, 지난날과 달리 오늘날 세계의 형세가 일변하여 모든 국가가 교통하고 사회의 상태가 전혀 그 면목을 바꾸어 생존경쟁의 시대를 맞고 있으니 그 변천하는 시의에 응하지 않을 수 없다는 것이다.[10]

넷째로, 일본에 가서 그 나라의 제도가 구비됨과 형세의 흥왕함을 보고 그것이 법률의 힘에 있음을 알았다는 것이다. 많은 학자들과 논의하고 서적을 보고서 그 이치를 깨닫게 되었고 그 뜻이 깊음과 언어가 분명하고 연원이 깊고 그 공이 큼을 알고서 놀랐다면서, 관습을 벗어 버리고 활발하게 나가는 권리사상을 계발하고자 외국법학대가의 서적을 참조하여 한 권의 책으로 편성하여 법률 전체의 대강을 간단하고 쉽게 논술하게 되었다는 것이다.[11] 따라서 당

---

9) 古今東西의歷史를通觀ᄒ건ᄃᆡᆯ其國의隆替가悉皆法律의美惡에在ᄒ지라是以로明哲의君主와賢良ᄒ政治家ᄂᆞᆫ恒常其力을法律에는注ᄒᄂᆞ니我國箕子의八條와支那漢高의三章이며羅馬의十二銅律이是豈昭然ᄒ證憑이아니리오然ᄒᆞᆫ則直接間接을不問ᄒ고治國의任에從事ᄒᄂᆞᆫ者ᄂᆞᆫ尙矣어니와經國의志가有ᄒᆞᆫ者ᄂᆞᆫ極히至重至貴ᄒ學科가될ᄉ분더러況且現時外國은人民通教育에法學의大要를教授홈이리오. 兪星濬, 앞의 책, 自序, 1면.

10) 然이나我國은古來로人民이淳厚ᄒᆞᆫ性質은雖有ᄒᆞ도ᄃᆡ權利의思想은全昧홈으로但幾條의刑律을指ᄒ야法이라謂홀ᄉ다름이오其他의更有홈은未知ᄒ나國家가尙且支保홈은固有ᄒ教化力에由ᄒᆞᆯᄉ분더러又當時에形勢의使然홈이라何者오蓋其時ᄂᆞᆫ外로強隣의窺伺가無ᄒ고內로先王의餘澤에治ᄒ야桃源樂地에서獨處僻居ᄒ야他人의知者가無ᄒ더니今에世界의形勢가一變ᄒ야萬國이交通홈이ᄆᆡ社會의狀態가頓然히其面目을改換ᄒ야生存競爭의時代를逢遇ᄒ니此時를當ᄒ야變遷ᄒᄂᆞᆫ時宜를不應홀진딘이奈何其可ᄒ리오. 위의 책, 自序, 1~2면.

11) 余가일즉日本에東游ᄒ야其國制度의具備홈과形勢의興旺홈을見ᄒ고本國의現狀과相較혼則其優劣의差異ᄂᆞᆫ實로同日에可語홀바아니라於是에一邊으로ᄂᆞᆫ愧作ᄒᆞᆫ心을不勝ᄒ고一邊으로ᄂᆞᆫ憤慨의志를難抑ᄒ야其由源을尋察홈이ᄆᆡ法律의力이居多ᄒ지라遂乃自思호ᄃᆡ上天이人에賦與ᄒ신神靈慧智識은率土가同一ᄒ야彼勝我劣의差가本無ᄒ니余雖一個渺然ᄒᆞᆫ人士나亦是我國民의一分子라國民의義務를擔荷하얏슨즉此義務를克盡ᄒ야ᄂᆞ毫라도國家의裨補홈이是乃天賦ᄒ신職分과國民되ᄂᆞᆫ道理에允合ᄒᆞᆯᄉ분더러且古語에臨淵羨魚홈은退ᄒ야結綱홈만不如ᄒ다ᄒ니今에余年이雖已四十에過ᄒ얏스나余志ᄂᆞᆫ益堅이라ᄒ고遂奮然히學校에赴ᄒ야法律을討究ᄒᄂᆞᆫ暇隙에或其國博士鴻儒를追逐ᄒ야其論을聽ᄒ며其書籍을閱覽ᄒ야其理를探究홈이ᄆᆡ旨意의奧妙홈과言辭의明瞭홈이며淵源의深遠홈과功功의巨大홈이果然人을驚嘆케ᄒᄂᆞᆫ지라心中에業을卒혼後本國에歸ᄒ야所學을編成코저自期ᄒ얏더니未幾에事를因ᄒ야本國에還歸ᄒ나

시의 대세를 알지 못하는 사람들에게 권리사상을 알리고 법률 전체의 대강을 알도록 하기 위한 것임을 밝히고 있다.

3. 「民法」에 관한 體系的 內容: 民法學의 端初

(1) 總則編

1) 人과 法人에 있어서, (a) 私權의 享有에 대하여, 兪星濬은 사권의 주체에는, 당시까지 인식하여 왔던 것과 달리, 오직 人이 있을 뿐이고 이 人에는 자연인과 법인이 있음을 들고서, 이들이 어떻게 사권을 향유하고 행사하는가를 아는 것이 민법에서 제일 중요한 것이라고 하였다.[12] 한편 사권의 향유는 人에 한하지만, 내국인과 외국인에 따라서 각기 다르다 하였다. 특히 외국인의 사권향유에 관하여 상세히 다룬 것[13]은 당시의 사정을 반영한 것으로 보인다.

暇隙을未得홈으로容易히從事치못호고日月의久홈을隨호야忘域에幾至호얏더니時適一大事件이東洋에起호야人을警醒호니卽支那에團匪의亂이有호야列强이北京에進兵호고要港과利權이其手中에盡歸호니此乃支那人이新進호는法理룰不知호고但其舊時의態度룰墨守호惡緣故라前車의覆은後車의戒어늘我國民은依然히昔日醉夢이尙沈호고現世의大勢룰未知호니此時룰當호야苟我同胞로호야곰優游謙退호는儀文慣習을脫却호고活潑勇進호는權利思想을啓發코져홀진딘ㅣ實로法律에過홀者가更無홀지라是以로余가蹶然히起호며惕然히恐호야菲蕪홀을不顧호고前日의亂藥룰修正호며傍又現時外國法學大家의書籍을叅互호야一部書룰編成호니此書의効用은書中에就看호면其旨룰可得호려니와一言으로蔽호면法律全軆의大綱을簡易히論述홈이라. 위의 책, 自序, 2~3면.

12) …法律上私權의主軆되는人은但히生理學上의人에만限치아니호고又自然人의集合軆와又無主財産의集合軆되는無形物을人으로看作호야私權의主軆됨을許호야於是乎私權의主軆에普通人(卽自然人)과法人(法律上에認호야人으로假定호는者)의二種이有호니然則私權을何人이如何히享有호며行使홈을知홈이民法上의第一緊要호者라. 위의 책, 본문, 156면. 日本明治民法(明治29.4.27. 法89) 제1편 제1장 제1절 私權의 享有와 비교할 수 있다.

13) 위의 책, 본문, 158면. 日本明治民法 제2조 참조.

(b) 私權의 行使能力에 대하여, 사권향유자는 원칙으로 사권의 행사능력을 인정하지만, 전연 인정하지 않거나 다소간 제한되는 자가 있다면서, 이는 그들을 보호하기 위한 것으로, 이를 무능력자라고 하며 그 종류는 법률로 규정하고 있다고 한다.[14] 그리고 법률의 규정에 의한 무능력자에는, ① 未成年者,[15] ② 禁治産者, ③ 準禁治産者, ④ 妻를 들고 있다.[16]

(c) 住所 및 失踪에 있어서, ① 먼저 住所에 대하여, 이렇듯이 사권을 향유하고 능력이 있는 자의 사실상 생활의 근거되는 곳을 주소라 하면서, 이를 알 수 없는 때에는 현재 거주하는 곳을 주소로 본다는 것이다.[17] ② 다음으로 이와 같은 종래의 住所나 居所를 떠난 경우에 不在와 失踪에 대하여, 주소를 떠난 경우에 부재자의 재산관리와 그 부재자의 생사가 7년이나 3년간 불분명한 때에는 실종선고를 받으면 그 기간이 만료한 때에 사망한 것으로 보는 효력이 있다고 하였다.[18]

---

14) …法律은各人의私權享有를롤明認홈에不拘ᄒ고私權의行使能力에至ᄒ야ᄂ全然不許ᄒᄂ者와又多少間制限ᄒᄂ者가有ᄒ니ᄂ卽其私權享有롤者保護ᄒᄂ所以라此等人을法律上에無能力者라謂ᄒ야其種類롤法律에分明히規定ᄒᄂ니라…其私權을享有ᄒᆫ者ᄂ此롤行使홈을得홈이原則이오其行使에當ᄒ야完全ᄒᆫ能力이無홈은一例外인則其例外法은嚴正히解釋홈이可ᄒᆫ所이니라. 위의 책, 본문, 159면.

15) 특히 未成年者에 대하여는 各國의 成年年齡을 소개하면서 상세히 說明하고 있다. 위의 책, 본문, 159~160면.

16) 위의 책, 본문, 159면. 이와 같은 법률의 규정은 日本明治民法 제4조 내지 제18조를 말한 것으로 보인다.

17) 住所라홈은生活의本據니本籍의如何롤不拘ᄒ고專혀事實上生活의根據되는地롤住所라ᄒ고若其地롤未知ᄒᆯ時ᄂ現居ᄒᄂ處롤住所로看作ᄒᄂ니라. 위의 책, 본문, 161면. 日本明治民法 제21조 내지 제23조 참조.

18) 然이나從來의住所나又居所롤去ᄒᆫ者가其財産의管理人을不置ᄒᆫ時나設或置ᄒ야도其本人不在中에管理人의權限이消滅ᄒᆫ時ᄂ裁判所ᄂ利害關係人이나又檢事의請求로因하야其財産管理에當하야必要ᄒᆫ處分을行하고其不在者의生死가七年間이나或境遇롤因하야三年間不分明ᄒᆫ時ᄂ裁判所ᄂ又利害關係人의請求롤因하야失踪의宣告롤得爲하ᄂ니此失踪의宣告ᄂ右期間滿了ᄒᆫ時에其不在者롤死亡ᄒᆫ者로看作하ᄂ効力이有

(d) 法人에 관하여, ① 먼저 法人과 機關에 대하여, 법인은 형체가 없는 것이라 한 것은 무엇을 말하는 것인지 알 수 없으나, 그 사무를 처리하기 위하여 기관이 있어야 한다고 하였다. 그 기관으로서 업무집행기관인 이사와 업무감독기관인 감사가 있고, 사단법인에는 사원총회라는 최고기관이 있다고 한다. 또한 법인은 모두 주무관청의 감독을 받는다고 한다.[19]

② 다음으로 法人의 解散에 대하여, 법인의 해산사유로서, ① 定款 등에 정한 解散事由의 발생, ② 法人의 目的達成 또는 不達成, ③ 破産, ④ 設立許可의 取消 등을 들고 있다.[20]

2) 物(件)에 있어서, (a) 物件의 定義에 대하여, 권리의 목적으로 물건이 있고 물건에는 유체물과 무체물이 있으나, 민법에서 물건이라 함은 유체물만을 말하는 것이라고 하였다.[21]

홈으로總히死亡에關하는바結果가生하느니라. 위의 책, 본문, 161 – 162면. 日本明治民法 제25조 내지 제32조 참조.

19) 法人은無形軆라其事務를處理홈에는特設機關의具備홈을必要하느니其機關은一은業務執行機關이오一은業務監督機關이라業務執行機關은卽理事니理事는內部에在하야는一切業務를處理하고又外部에對하야는諸般의法律關係에當하야法人을代表하는者라此機關은法人의活動에不可缺홀者인故로恒常一人或數人의理事를置하야常設機關이라稱하고事務監督機關은監事니其置不置는法人의意롤隨홈이나此롤置홈에는一人或數人을置하야其財産의狀況及理事事務執行의狀況을監査하는者오此外에又社團法人에在하야는共同事業의經營者로最히重要혼關係가有혼社員總會라하는最高機關이有하니此는必要가有혼時는招集홈을得하고且總會는卽理事의義務로하야每年一次를招集홈이可하고臨時總會는理事,監事或定數혼社員의請求롤因하야何時던지招集홈을得하느니此總會는定款으로써理事等에게委任혼者外에는諸般事務를總히議決하고且法人의事務는皆主務官廳의監督을受하는者라. 위의 책, 본문, 163면. 日本明治民法 제52조 내지 제67조 참조.

20) (一)定款이나寄附行爲로써定혼解散事由의發生(二)法人의目的혼事業의成功이나其成功의不能(三)破産(四)設立許可의繳消諸件을因하는者니社團法人에는此四件外에二條件이又有홈이라卽總會의決議와社員의缺亡을因하야解散하느니此解散하는境遇에는破産을因하야解散하기外에淸筭人을設置하야써其未盡事務를結了케하느니라. 위의 책, 본문, 163 – 164면. 日本明治民法 제68조 참조.

(b) 動産과 不動産에 대하여, 물건을 동산과 부동산으로 나누고, 부동산은 토지 및 그 정착물이라 하며, 그 이외의 물건은 모두 동산이라 한다. 특히 무기명채권이 증권으로 되어 있으면 이를 유체물로 보아서 하나의 동산으로 본 것이다.22)

(c) 主物과 從物에 대하여, 물건에는 주물과 종물이 있으며, 종물은 주물의 처분에 따르는 것이 원칙이라고 하였다.23)

(d) 果實에 대하여, 과실에는 천연과실과 법정과실이 있다고 한다.24)

3) 法律行爲에 있어서, (a) 法律行爲의 定義에 대하여, 법률행위는 사법상의 효과를 발생코자 하는 의사표시라 하면서, 도의상의 구속을 받는 예의와는 구별하고 있다. 또한 법률행위가 성립하기 위하여, ① 當事者의 行爲能力, ② 當事者의 意思表示, ③ 目的

---

21) 盖人은權利가有호대此에目的되는物이無호즉所謂權利는一空名에不過하느니故로權利가槪有호즉其目的되는物이有홈을要홈이라物은有體物과無體物이有하나民法에物이라稱홈은有體物에限홈이니物이라單稱혼즉有體物로必知홈이可하니라. 위의 책, 본문, 164면. 日本明治民法 제85조[定義] 本法ニ於テ物トハ有體物ヲ謂ツ. 참조.

22) 物에는 動産과不動産의別이有하니不動産은土地及其定着物을云함이라卽建物(家舍倉庫의類)植物(草木의類)及建物에構成分(木石鐵物窓戶途室紙屬等類)되는附屬物은皆土地의定着物이니此룰不動産이라하고此等物外에는總히動産이라하며無記名債權은一權利ㅅ분이오有體物이아님으로써所謂物이라하는中에包含치못하나然하나其無記名됨을爲하야所重을証券에만置홈으로自來此룰有體物로看作하야各國民法에一個動産이라하야總히動産의規定을從하느니盖物의動産과不動産됨을隨하야其效果가各異홈則此區別은最重要혼者니라. 위의 책, 본문, 164면. 日本明治民法 제86조 참조.

23) 物에는主物과從物의別이有하니物의所有者가其物常用에供하기爲하야自己所有에屬혼他物을此에附屬케하는時는其附屬된物을從物이라謂하느니假令樹木이土地에對하며鑰이時計에對홈이皆從物이라物은主物의處分을從홈이原則이라故로主物에對하야或處分을行하는時는別般事情이無혼以上은從物도當然히其主物과同一혼處分을被하느니此是區別의必要되는所以라. 위의 책, 본문, 165면. 日本明治民法 제87조 참조.

24) 物에는天然果實과法定果實의別이有하니前者는物의用方을從하야收取하는産出物이라假令樹木의果實과土地의收穫類룰謂홈이오後者는物의使用혼는代價로受하는金錢과其他物이라假令債權의利息과貰物의貰錢과土地牛馬의貰租等類룰謂홈이니라. 위의 책, 본문, 165면. 日本明治民法 제88조 참조.

의 可能 및 適法을 조건으로 한다고 하였다. 이와 같은 조건을 하나라도 결한 때에는 법률행위는 성립할 수 없다는 것이다. 따라서 법률행위에는 유효, 무효 및 취소를 할 수 있는 행위가 있다. 그러므로 각국의 민법은 총칙에 이를 규정하고 있다고 한다.[25]

이와 같은 법률행위에는 여러 종류가 있다면서, 그 주요한 것으로, ① 一方行爲, 雙方行爲, ② 有償行爲, 無償行爲, ③ 要式行爲, 不要式行爲, ④ 主된 行爲, 從된 行爲 및 ⑤ 生前行爲, 死後行爲의 구별을 들고 있다.[26]

(b) 意思表示에 대하여, 의사표시는 법률행위의 기본인 의사를 외부에 표시함으로써 법률상 효과를 발생하게 되는 것이라 한다.[27]

한편 의사표시에 있어서 의사와 표시와의 관계에 대하여, 元來意思表示에關ㅎ야는意思主義와表示主義의二說이有ㅎ야前者는表示가全無혼意思라도其證明을得혼즉足ㅎ다ㅎ고後者는是와反ㅎ야意思가全無홀지라도單其表示혼바를據ㅎ야其効力을定홈이라홈이니二者가其極端에失ㅎ는弊가共有혼지라故로折衷主義가遂生ㅎ야原則으로는意思와表示가一致홈을要ㅎ고但眞意意思와表示가全然相異혼時는其表示혼意思에依홈이라홈이니盖眞意와符合치아니ㅎ는

---

25) …法律行爲는私法上의効果를生코져ㅎ는意思表示를謂홈이라故로法律行爲는반다시法律上効力이有홀行爲됨을要ㅎ느니但道德上의拘束을受ㅎ는바禮義갓튼者는法律行爲가아니라法律行爲의成立에必要혼條件은三이有ㅎ니卽當事者의行爲能力과當事者의意思表示와又目的이可能ㅎ며且適法됨이是라此에反ㅎ야一個도缺혼時는其行爲는法律行爲로成立홈을不得ㅎ는故로法律行爲에有効,無効及撤消홈을可得ㅎ는行爲가有ㅎ니然홈으로各國民法은大槪總則中의各編에通同홀各種法律行爲의規則을設定ㅎ느니라. 위의 책, 본문, 165~166면.

26) 위의 책, 본문, 166~167면.

27) 凡法律은外部에現出ㅎ는事實을處理ㅎ는者이오內部의意思에關與홈이無홈이라然ㅎ나外部에現出혼事實이라도意思가無혼行爲는法律上에其効果가無ㅎ니故로意思는法律行爲의基本이라其法律上効果를生홈에는其意思를外部에表示케홈을要ㅎ느니…. 위의 책, 본문, 167면.

意思表示라도 其外形이 完全無缺하는 時는 相對者는 此로써 眞意의 表示라 認하야 此에 基하야 種種의 行爲를 行홀지어날 若表意者의 主觀的 狀態에 因하야 其意思의 表示는 眞意를 表示치아니혼 當事者를 保護홈이 可하나 一邊으로는 善意者를 保護하야 去來를 安固케홈이 可홈이라 是故로 近世立法者는 此主義를 多數採用하느니라28) 함으로써, 의사표시에 관한 의사주의와 표시주의를 설명하고 절충주의를 많은 입법자가 따른다고 하였다.

그리고 의사표시의 요건에 대하여도 설명하고 있다. 즉 의사표시의 요건으로, (一)은 當事者가 意思를 決定홀 能力이 有하야 意思가 存在혼 事오(二)는 其內部에 決定혼 意思를 外部에 表하는 事니 其表示方法은 法律上 特別의 規定이 無혼 以上은 如何혼 方法으로 이 하던지 當事者의 隨意니 卽要式行爲는 例外에 屬홈이오(三)意思와 表示는 一致되는 事라 但前述홈과 如히 例外로 不一致혼 境遇에 意思表示가 成立홈이 有홀ㅅ분이며(四)는 其表示는 任意에 出하야 他人의 不正혼 干涉에 基혼 瑕疵가 無홈을 要홈이니 此와 反하는 時는 卽詐欺 又 强迫의 問題가 生하느니라29)를 들고 있다. 따라서 의사표시의 성립은 의사와 표시의 일치를 요하는 동시에 또 예외로 불일치한 경우에 그 의사표시가 유효하게 성립하는 것을 인정함으로 어떠한 경우에 어떻게 해석할 것인가를 알 필요가 있다고 한다.

(c) 意思와 表示가 不一致한 경우에 대하여, 이에 대하여 두 가지로 나눠서 설명하고 있다. 그 하나는, 表意者가 不一致함을 알고서 故意로 意思表示를 한 경우이며, 이에는 心裏留保와 虛僞表

---

28) 위의 책, 본문, 167~168면.
29) 위의 책, 본문, 168면.

示가 있다고 한다. ① 먼저 心裏留保에 대하여, 心裏留保는 表意者가 相對者에 對ᄒ야 故意로 眞意를 隱蔽ᄒ고 其眞意가아닌者를 表示ᄒ 境遇니 此境遇에 相對者는 他人의 心中을 知ᄒ기 不可ᄒ故로 表意者가 其眞意가아님을 知ᄒ고 行ᄒ 意思表示라도 相對者가 善意되는 時는 其 意思表示는 有效로ᄒ고 但 相對者가 意思表示ᄒ는 當時에 表意者의意 思表示가 眞意思가아님을 得知ᄒ 境遇와 又 相當ᄒ 注意를 加ᄒ면 可히 得知ᄒ 境遇에는 無效라ᄒᄂ니 此盖 相對者는 通常 表意者를 信用ᄒ고 表意者에게 被欺ᄒ을 保護함이나 若 相對者가 表意者의 不眞意됨을 知 得ᄒ 境遇와 又 可히 知得ᄒ 境遇에는 비록 無效에 歸ᄒ지라도 損害가 無 ᄒᄉ분더러 又 其注意를 不施함은 亦是 自己의 過失이라 是以로 無效로 定ᄒ니 此는 事實問題에 屬ᄒ者니라.[30] ② 다음으로 虛僞表示에 대 하여, 虛僞의 意思表示는 表意者가 相對者와 通謀ᄒ야 眞意가아닌 意思 表示를 假裝ᄒ 境遇라 此는 第三者를 欺瞞ᄒ며 又 不法의 目的을 達ᄒ기 爲ᄒ야 行ᄒ는者니 例컨ᄃ | 債務者가 債權者로브터 財産의 執留를 免 ᄒ기 爲ᄒ야 表面上 他人에 賣與ᄒ 境遇와 如ᄒ者니라 虛僞의 意思表示 의 効力 如何를 若論ᄒ則 此는 當事者間에 對ᄒ과 第三者에 對함을 因ᄒ 야 不同ᄒ니 卽 虛僞의 意思表示는 眞意의 表示가아닐ᄉ 분아니라 又 相 對者와 共同行爲인則 此로 因ᄒ야 不測의 損害를 被함이 無ᄒ故로 當事 者間에는 無效로 定ᄒ야 相對者는 勿論ᄒ고 第三者도 亦是 無效를 主張 함을 得하나 善意 第三者에 對ᄒ야는 有效로 成立ᄒ야 對抗함을 不得ᄒ ᄂ니 其理由는 善意 第三者는 其意思表示가 虛僞의 意思表示인줄을 未 知하얏거늘 猝然히 虛僞의 意思表示를 難ᄒ故로써 有效라ᄒᄂ니라.[31]

---

30) 위의 책, 본문, 169면. 日本明治民法 제93조 참조.

31) 위의 책, 본문, 169~170면. 日本明治民法 제94조 참조.

다른 하나는, 表意者가 意思의 不一致됨을 알지 못하고서 意思表示를 한 경우이며, 이에는 錯誤가 있다고 한다. 錯誤에 대하여, …意思와表示가故意로不出ᄒ고齟齬ᄒᆫ境遇니所謂錯誤의意思表示가是라錯誤ᄂ眞實의意思와表示가不一致한則理論上有効히成立홈을不得ᄒ야輕重을不問ᄒ고悉皆無効에歸홈이可ᄒ나現時立法例에ᄂ實際上便宜를爲ᄒ야意思表示가法律行爲의要素에錯誤가有ᄒ時ᄂ無効로ᄒ고其外에ᄂ有効로ᄒ니何者가法律行爲의要素라謂홈이可홈은學者의見解가不一ᄒ나要言ᄒ면其法律行爲에不可缺홀者로認홈이可홈이라故로如斯ᄒ境遇에ᄂ絶對的으로無効에歸케호대但表意者에重大ᄒ過失이有홈을因ᄒ야錯誤가有홀時ᄂ表意者ᄂ其錯誤를理由ᄒ야自己의意思表示를無効로主張홈을不得케ᄒ니此ᄂ凡錯誤의無効가相對者로迷惑을成케홈이不無ᄒ나是ᄂ不得已ᄒ事어니와萬若表意者의重大ᄒ過失에因ᄒ時ᄂ救護를法律은不與ᄒ면不可ᄒ故로有効로定ᄒ니是亦相對者又第三者가表意者에過失이有홈을知得ᄒ거나且知得홀境遇에ᄂ意思表示ᄂ全然無効되야表意者ᄂ何等의責任이無ᄒ니라.[32]

(d) 詐欺 强迫에 의한 意思表示에 대하여, 의사표시는 임의로 하여야 하므로 만약 타인의 사기나 강박에 의할 때에는 그 의사표시는 성립하지 않는다면서 사기와 강박을 나눠서 설명하고 있다. ① 먼저 詐欺에 대하여, 詐欺ᄂ他人으로ᄒ야곰錯誤에陷케ᄒ고其錯誤에因ᄒ야法律行爲上의意思를決定表示케ᄒᄂ意思로써故意로虛僞의事實을表示ᄒ야써現實히其結果가生홈을謂홈이라故로詐欺

---

32) 위의 책, 본문, 170~171면. 日本明治民法 제95조 참조. 그러나 의사표시에 있어서 절충주의를 많은 입법자가 취한다고 하면서 일본민법의 착오에 관한 내용을 그대로 설명하고 있음을 알 수 있다.

에因生ᄒᆞᆫ錯誤가法律行爲의要素에關ᄒᆞᆫ時ᄂᆞᆫ錯誤가有ᄒᆞᆷ인則無効로
歸ᄒᆞ리디更論ᄒᆞᆯ必要가無ᄒᆞ거니와玆에論ᄒᆞᄂᆞᆫ바ᄂᆞᆫ卽要素以外에關
ᄒᆞ야詐欺가存在ᄒᆞᆫ時니此意思表示ᄂᆞᆫ縱消ᄒᆞᆷ을得ᄒᆞᄂᆞ니라然이나二
種例外가又有ᄒᆞ니卽(一)은或人에對ᄒᆞᆫ意思表示에就ᄒᆞ야第三者가
詐欺ᄅᆞᆯ行ᄒᆞᆫ境遇에ᄂᆞᆫ相對者가其事實을知得ᄒᆞᆫ時만限ᄒᆞ야其意思表
示ᄅᆞᆯ縱消ᄒᆞᆷ을得ᄒᆞ고(二)ᄂᆞᆫ詐欺에由ᄒᆞᆫ意思表示의縱消ᄂᆞᆫ善意第三
者에對抗ᄒᆞᆷ을不得ᄒᆞᄂᆞ니是亦善意三者ᄅᆞᆯ保護ᄒᆞ기爲ᄒᆞᆷ이니라.[33]

② 다음으로 强迫에 대하여, 强迫은他人으로ᄒᆞ야곰何許意思ᄅᆞᆯ
決定表示케ᄒᆞᆯ意思로써不法으로害惡을表示ᄒᆞ야써相對者에게恐怖
의念이生케ᄒᆞᄂᆞᆫ者니現實히其目的ᄒᆞᄂᆞᆫ바結果가生ᄒᆞᄂᆞᆫ時에限ᄒᆞᆷ이
라是以로强迫에因ᄒᆞᆫ意思表示ᄂᆞᆫ卽其意思表示ᄅᆞᆯ行케ᄒᆞᆫ意思로實行
ᄒᆞᆫ强迫의結果니凡强迫은二種이有ᄒᆞ야(一)은全然히相對者로意思
ᄅᆞᆯ缺乏케ᄒᆞ고但히强迫者의機械的作用에不過ᄒᆞᄂᆞᆫ者니此ᄂᆞᆫ意思表
示가雖有ᄒᆞ야도意思가全無ᄒᆞᆫ故로法律行爲ᄂᆞᆫ成立치아니ᄒᆞᆫ則無効
에歸ᄒᆞᆷ은自明ᄒᆞᆫ者니此ᄂᆞᆫ民法에問ᄒᆞᄂᆞᆫ바가아니오(二)ᄂᆞᆫ所謂自由缺
乏이니卽意思ᄂᆞᆫ有ᄒᆞ나意思의自由ᄅᆞᆯ缺乏ᄒᆞᆫ者라此是玆에論ᄒᆞᄂᆞᆫ바
니假令他人의强迫을受ᄒᆞ야或種法律行爲ᄅᆞᆯ行ᄒᆞᆯ時에其强要에應함
과害惡을被ᄒᆞᄂᆞᆫ間에其一을選擇ᄒᆞᄂᆞᆫ自由가有ᄒᆞᆫ則其表示ᄂᆞᆫ眞意라
可謂ᄒᆞᆯ지나但其意思ᄂᆞᆫ强迫에因ᄒᆞᆫ瑕疵가有ᄒᆞᆫ故로法律은被害者ᄅᆞᆯ
保護ᄒᆞ야此ᄅᆞᆯ縱消함을得케ᄒᆞ야何人에對ᄒᆞ던지可行ᄒᆞᄂᆞ니라.[34]

(e) 意思表示의 效力發生時期에 대하여, …凡意思表示ᄂᆞᆫ其相對者
가此ᄅᆞᆯ知得ᄒᆞᄂᆞᆫ時로브터發生함이原則이라是以로若相對者와目前

---

33) 위의 책, 본문, 171~172면. 日本明治民法 第96조 참조.
34) 위의 책, 본문, 172면. 日本明治民法 第96조 참조.

에對談ᄒᆞᄂᆞᆫ意思ᄅᆞᆯ表示ᄒᆞᄂᆞᆫ同時에效力이直生함이可ᄒᆞ나社會交通과生活進步의結果로法律行爲ᄂᆞᆫ但面對者에不限ᄒᆞ고隔地者卽處所ᄅᆞᆯ離隔ᄒᆞᆫ者에對ᄒᆞ야도關係가常多ᄒᆞᆫ則此境遇도亦必其意思의表示ᄅᆞᆯ知得ᄒᆞᄂᆞᆫ時에效力을生케함이可ᄒᆞ나此에ᄂᆞᆫ表意ᄒᆞᆯ時와相對者가其表意ᄅᆞᆯ知得ᄒᆞᆯ時에多少의時間을要ᄒᆞᆯㅅ분더러或其表示ᄒᆞᆫ意思ᄂᆞᆫ相對者에게不達함도有ᄒᆞ며又其他事實이複雜ᄒᆞᆫ지라…35) 함으로써, 到達主義를 원칙으로 한다. 그러나 의사표시의 효력발생시기에 관한 입법례에는, ① 表白主義, ② 了知主義, ③ 發信主義, ④ 受信主義 또는 到達主義 등이 있음을 들고서 이에 대하여 설명하고 있다.36)

한편 意思表示의 變更 또는 取消 등에 관하여, 是以로其結果ᄂᆞᆫ意思表示가相對者에게到達ᄒᆞ기前에ᄂᆞᆫ表意者ᄂᆞᆫ何時던지變更又繳消함을得ᄒᆞ나其通知ᄂᆞᆫ반다시前通知보다先ᄒᆞ거나又同時됨을要ᄒᆞᄂᆞ니但意思表示가相對者에到達ᄒᆞᆫ時에表意者가槪己死亡ᄒᆞ거나又能力을失ᄒᆞᆯ지라도相對者ᄂᆞᆫ此ᄅᆞᆯ不知ᄒᆞ고此에應ᄒᆞᄂᆞᆫ行爲ᄅᆞᆯ必行ᄒᆞ얏슬지라故로相對者에게過失이無ᄒᆞ고不測의損害ᄅᆞᆯ當함이無케ᄒᆞ기爲ᄒᆞ야受信主義ᄂᆞᆫ一制限을受ᄒᆞ야其意思ᄂᆞᆫ無效又繳消홈을不得ᄒᆞ고完全히成立ᄒᆞᄂᆞ니라37) 하였다.

(f) 代理에 대하여, ① 먼저 代理의 定義에 대하여 설명하기를, 代理ᄂᆞᆫ他人으로ᄒᆞ야곰自己ᄅᆞᆯ代ᄒᆞ야或法律行爲ᄅᆞᆯ行케홈이니卽代理人이其權限內에셔本人을爲ᄒᆞ야行ᄒᆞᄂᆞᆫ意ᄅᆞᆯ示ᄒᆞ고行ᄒᆞᄂᆞᆫ意思表示ᄂᆞᆫ直接으로本人을對ᄒᆞ야效力이生홈이오第三者가代理人을對ᄒᆞ

---

35) 위의 책, 본문, 172~173면. 日本明治民法 제97조 참조.

36) 위의 책, 본문, 173~174면.

37) 위의 책, 본문, 174면. 日本明治民法 제97조 제2항 참조.

야行ᄒᆞᄂᆞᆫ意思表示도亦同ᄒᆞ니是以로代理ᄂᆞᆫ直接으로代理人의相對者와本人의間에法律關係로써生홈으로써本旨라ᄒᆞ야恰然히本人이其意思表示를自爲ᄒᆞ고又此에對ᄒᆞ야意思表示가有홈과如히相對者에對ᄒᆞ야權利를得ᄒᆞ고義務를負흔者ᄂᆞᆫ本人이오代理人이아니니換言ᄒᆞ면代理人은一朝其自身에生흔權利와義務를本人에게移轉ᄒᆞᄂᆞᆫ者아니라38) 하였다. ② 다음으로 代理權의 範圍에 대하여, …法令, 習慣或法律行爲에別段規定이無홀時ᄂᆞᆫ代理人은(一)保存行爲(二)代理의目的된物或權利의性質을不變ᄒᆞᄂᆞᆫ範圍內에셔其利用或改良을目的ᄒᆞᄂᆞᆫ行爲만得爲ᄒᆞᄂᆞᆫ者니라39) 하였다. 따라서 보존행위, 물건이나 권리의 성질이 변하지 않는 범위 내에서 이용행위 및 개량행위를 할 수 있다고 한다. ③ 또한 代理權의 發生原因에 대하여, 代理權은二個의原因으로發生ᄒᆞ니(一)은法律의規定(二)ᄂᆞᆫ被代理人의法律行爲니前者ᄂᆞᆫ所謂法定代理오後者ᄂᆞᆫ任意代理라法定代理ᄂᆞᆫ直接又間接으로法律의規定으로브터生ᄒᆞᄂᆞᆫ者니消極的으로總히被代理人의法律行爲에基치아니흔者오任意代理ᄂᆞᆫ契約卽委任으로브터生ᄒᆞᄂᆞᆫ者니라40) 하였다. 여기에서 임의대리가 계약, 즉 위임에 의하여 성립한다고 한 것은 주목할 것이다. ④ 그리고 複代理人에 대하여, 代理人이更히他人으로ᄒᆞ야곰自己의行爲를代理케ᄒᆞᄂᆞᆫ時ᄂᆞᆫ此를複代理人이라ᄒᆞᄂᆞ니此複代理人을選任홈에當ᄒᆞ야ᄂᆞᆫ特別히委任ᄒᆞ야定흔代理人(普通의代理人)과法定代理人(法律이原定흔代理人)間에區別이有ᄒᆞ니其委任을因흔代理人은(一)本人의許諾을得흔

---

38) 위의 책, 본문, 174~175면. 日本明治民法 제99조 참조.

39) 위의 책, 본문, 175면. 日本明治民法 제103조 참조.

40) 위의 책, 본문, 175면. 日本明治民法 제104조 前段 참조.

時(二)得已치못홀事由가有혼時가아니면複代理人을選任ᄒ기不得ᄒᄂ니若是에反ᄒᄂ時ᄂ本人에對ᄒ야其責에任ᄒ고但本人의指名에因혼時ᄂ其不適任又不誠實홀을知하고도本人에게通知하며又此ᄅ解任홈을怠혼境遇에만其責을不任홀지오法定代理人은如何혼境遇에던지其責任으로此ᄅ選任하기可得홀지오且其責任의程度도後者ᄂ前者보다稍輕혼者라[41] 하였다. ⑤ 代理權의 消滅에 대하여, 代理權은本人或代理人의死亡과又或代理人의禁治産或破産을因ᄒ고其他委任에因혼代理ᄂ委任의終了ᄅ因ᄒ야消滅ᄒ나然ᄒ나其代理權이旣已消滅홀지라도第三者가過失이無하고其事實을未知혼時ᄂ此에ᄂ對하야其消滅을主張하기不得하ᄂ니라[42] 하였다. ⑥ 끝으로無權代理에 대하여, 만일代理權을有치아니혼者가他人의代理人이라稱하고契約을結혼時ᄂ其契約은本人이追認홈이아닌則其本人에對ᄒ야效力이無호ᄃ | 但追認을相對者에對ᄒ야行홈이아닌즉此로써相對者에對抗홈을不得ᄒ고唯相對者가其事實을知혼時에ᄂ不然ᄒᄂ니盖追認은代理權에不基혼代理行爲에對ᄒ야代理權을與홈과同一의效力을生캐ᄒᄂ行爲라故로本人이此ᄅ追認하ᄂ時ᄂ若別段의意思表示가無혼時ᄂ契約의當時에溯ᄒ야此ᄅ生홈으로原則이라ᄒᄂ니라[43] 하였다.

(g) 無效와 取消에 대하여, ① 먼저 無效인 行爲에 대하여, 無效의行爲ᄂ法律上其成立要件을缺홈으로써法律上存在치아니혼者니卽其自初로其效가全無혼者니事實上에ᄂ或行爲가有홀지라도法律

---

41) 위의 책, 본문, 175면. 日本明治民法 제104조 내지 제107조 참조.

42) 위의 책, 본문, 176면. 日本明治民法 제111조 참조.

43) 위의 책, 본문, 176면. 日本明治民法 제113조, 제116조 참조.

上에決코成立치못흠으로他日에至ᄒ야此를追認코져ᄒ야도無를有라흠이不可흠으로追認을因ᄒ야其効力이生흠이無ᄒ고唯其追認에ᄂ其行爲를始爲ᄒᄂ意思를表示흠이됨이라故로法律은其追認을因ᄒ야其行爲를新行ᄒ者로看作ᄒ야追認의時로브터其効力이始生케ᄒ고44) 함으로써, 무효인 행위는 법률상의 성립요건을 갖추지 못함으로써 법률상 존재하지 않는 것으로 추인에 의하여도 그 효력이 생기지 않는다고 한다. 그러나 무효를 부존재와 구별 없이 이해한 것은 주의할 것이다. ② 다음으로 取消할 수 있는 行爲에 대하여, 繳消를行爲ᄂ是와反ᄒ야自初로其効力이有ᄒ야現已成立혼者로디唯或瑕疵가有흠을因ᄒ야何時던시此를繳消ᄒ기可得흠에止흘ᄉ분이라故로此를繳消혼즉自初로無効혼者로看作호디若繳消치아니ᄒ고追認흘時ᄂ其瑕疵를補完혼者라ᄒ야將來에此를繳消치못흘ᄉ분아니라其所爲ᄂ自初로完全有効혼者로看作ᄒᄂ니라繳消흘行爲를繳消ᄒ기得ᄒᄂ者ᄂ其行爲를行혼無能力者나瑕疵가有혼意思表示를行혼本人과其代理人或承繼人에限ᄒ고又妻가行혼行爲에ᄂ其妻ᄂ勿論ᄒ고其夫도此를繳消흠을得ᄒᄂ니라追認은繳消의原因된事情이止혼後가아니면設或行ᄒ야도其効가無흠이라故로無能力者에在ᄒ야ᄂ其能力者된後에行혼追認이아니면追認者에對ᄒ야其効가無ᄒ고且追認은明示흠을必要치아니ᄒ고默示(卽追認이라認得흠이可혼事實이有혼時)ᄒᄂ時에도亦追認이有혼者로看作ᄒᄂ니其行爲에對ᄒ야全部或一部를履行을請求ᄒ거나更改나擔保의供與나繳消흠을可得흘行爲를因ᄒ야取得혼權利의全部又一部를讓渡ᄒ거나强制執行이有혼等數箇의境遇가是니라45) 하였다. 이와 같이 취

_____

44) 위의 책, 본문, 176 - 177면. 日本明治民法 제119조 참조.

소할 수 있는 행위, 취소권자 및 추인에 대하여 설명한다.

(h) 條件 및 期限에 대하여, ① 먼저 條件에 대하여, 或法律行爲效力의發生或又消滅의未來且不確定흔事件의有無에繫케흔境遇에其未來且不確定흔事件을條件이라云ㅎㄴ니其效力의發生에關흔者를停止條件이라云ㅎ고消滅에關흔者를解除條件이라云흠이라假令契約ㅎ두ㅣ若外國과戰爭을開始흘진두ㅣ汝의船舶을買ㅎ리라ㅎㄴ契約과如흠은未來且不確定흔事件에賣買의發生을繫케흔者니是卽停止條件이라戰爭이果然開始흔즉其條件이成就흔者라ㅎ고解除條件은是와反ㅎㄴ者니라[46] 함으로써, 조건의 의의 및 종류에 대하여 설명한다. 그리고 이와 같은 조건부 법률행위의 효력에 대하여 停止條件의法律行(爲)ㄴ其條件이成就ㅎㄴ時로브터效力이生ㅎ고解除條件의法律行爲ㄴ其條件이我就ㅎㄴ時로브터效力을失흠이原則이라然ㅎ나若當事者가是와反ㅎ야條件成就의效果를其成就以前에溯及ㅎㄴ意思를表示흔時ㄴ其意思를從ㅎ야其行爲의當初에溯及케ㅎㄴ니라[47] 하였고, 또한 조건성취미정인 법률행위의 효력에 대하여 …附條件흔法律行爲가其條件의成否가未定흔中間에ㄴ其法律行爲의目的된權利ㄴ아직發生치아니ㅎ두ㅣ其法律行爲ㄴ拘束力을旣生흔者로認ㅎ야其權利義務ㄴ一般의規定에從ㅎ야處分相續保存及擔保흠을得ㅎㄴ니라然ㅎ나萬若條件成就에因ㅎ야不利益을受흘當事者가故意로其條件의成就흠을妨害ㅎㄴ時ㄴ其條件된事實의發生與否를不問ㅎ고成就흔者로看做ㅎㄴ니라[48] 하였다. ② 期限에 대하여, 期限은

---

45) 위의 책, 본문, 177면. 日本明治民法 제120조 내지 제125조 참조.

46) 위의 책, 본문, 177~178면.

47) 위의 책, 본문, 178면. 日本明治民法 제127조 참조.

48) 위의 책, 본문, 178~179면. 日本明治民法 제128조 내지 제130조 참조.

法律行爲의附款이니到來홈이確定혼將來事實에其效力의發生實行
又消滅케ᄒᄂᆞᆫ者라期限에ᄂᆞᆫ始期와終期의二種이有ᄒᆞ니或時期前이
나又時期를未定홀지라도반다시到來홀或事件의到來前에ᄂᆞᆫ履行을
請求ᄒᆞ기不得ᄒᄂᆞᆫ者ᄂᆞᆫ卽始期에附혼法律行爲오是와反ᄒᆞ야或時期
後나又時期를未定홀지라도반다시到來홀或事件의到來後에ᄂᆞᆫ效力
이消滅ᄒᄂᆞᆫ者ᄂᆞᆫ卽終期에附혼法律行爲라假令何月何日入가지(又何
日로브터)誰某의歸國或某船의擧錨갓치(又其時리브터)라云ᄒᄂᆞᆫ類
가是니라[49]고 설명하고, 또한 기한의 이익에 대하여 期限은通例債務
者의利益을爲ᄒᆞ야定혼者로推定ᄒᆞ고又期限은其利益을受홀者가此
를抛棄ᄒᆞ기得홈이라然ᄒᆞ나債務者ᄂᆞᆫ破産宣告를受ᄒᄂᆞᆫ時等二三境
遇에ᄂᆞᆫ期限의利益을主張ᄒᆞ기不得ᄒᄂᆞᆫ事도有ᄒᆞ니라[50] 하였다.

4) 期間에 있어서, (a) 期間의 定義에 대하여, 期間은 期限과大
略相似ᄒᆞ나然ᄒᆞ나決斷코不同ᄒᆞ니⋯期間은始期와終期의間隔을謂
홈이니幾年間或幾日間이라云ᄒᄂᆞᆫ類니라[51] 하였다.

(b) 期間의 計算方法에 대하여, 기간의 계산방법은 법령, 재판상
명령이나 법률행위에 따로 정함이 있는 경우를 제외하고 다음과
같은 방법에 의한다고 그 예를 들어 설명하고 있다.[52]

---

49) 위의 책, 본문, 179면. 日本明治民法 제135조 참조.

50) 위의 책, 본문, 179면. 日本明治民法 제136조, 제137조 참조.

51) 위의 책, 본문, 179면.

52) 時로써期間을定ᄒᄂᆞᆫ者卽幾時間이라云ᄒᄂᆞᆫ期間은直時로브터起筭ᄒᆞ야計筭ᄒᆞ고日,週,
月,年으로써期間을定ᄒᄂᆞᆫ者卽幾日間,幾週間,幾月間,幾年間이라云ᄒᄂᆞᆫ期間은其期間
이午前零時로브터始ᄒᄂᆞᆫ外에ᄂᆞᆫ皆其初日을筭入지아니ᄒᆞ고次日로브터起筭ᄒᆞ며週,月,
年으로以ᄒᄂᆞᆫ者ᄂᆞᆫ曆을從ᄒᆞ야此를筭ᄒᆞ야最後의週,月,年에其起筭日에當ᄒᄂᆞᆫ日의前日
로써期間滿了라ᄒᄂᆞ니故로日曜日로브터始ᄒᆞ야一週日이라云ᄒᆞ고初一日로브터始ᄒᆞ
야一個月이라云혼卽其週,其月의末日로써滿期日이라홈이라假令火曜日루브터始ᄒᆞ거

5) 時效에 있어서, (a) 時效制度에 대하여, 時效는 法律에 定한 時間의 經過를 因하야 或 權利를 取得하며 又 或 權利의 消滅한 者로 看作하는 法律上 推定을 云함이니 卽 時으로써 證明의 材料를 作하는 一證據 되는 性質이 有한 者니라 法律上 反對의 證據를 不許함이라 함에 不過함이니 是는 時效의 法理的 性質에 關하야 學者의 定說이라 然하나 一外國民法은 是와 反하야 此를 法律上 推定이라 不云하고 取得 或 消滅의 方法으로 하니 其 趣意는 法律로써 權利與奪의 萬能力이라 하야 時間의 經過를 因하야 法律이 或 權利를 取得게 하며 或 消滅케 함이라 함이나 然하나 當事者가 採用함을 要하고 設 或 時效의 條件이 完備할지라도 當事者가 採用치 아니한즉 裁判所는 此를 依하야 裁判함을 不得호ᄃ ㅣ 但 時效가 旣已 成就하야 當事者가 此를 援用함에 當하야는 時效의 劾力은 其 期間의 起筭日에 溯及하야 當初로브터 權利의 取得 或 消滅이 有한 者로 함이라53) 하였다.

(b) 取得時效에 대하여, 權利를 取得하는 時效는 此를 取得時效라 云하ᄂ니 今에 日本法에 依한則 二十年間 所有의 意思로써 平穩 且 公然히 他人의 物을 占有하면 卽 其 所有權을 取得하고 又 不動産에 對하야 右陳한 條件外에 其 占有의 初에 善意오 且 過失이 無한즉 十年間이면 其 所有權을 取得하고 所有權 以外의 財産權도 右陳한 區別을 因하야 二十年이나 十年이면 其 權利를 取得하는 者니라54) 하였다.

(c) 消滅時效에 대하여, 權利가 消滅하는 時效는 此를 消滅時效라 云하나니 所有權 以外의 財産權은 皆 其 權利를 行使하기 得할 時로브터 起

<hr>

나 月의 五日로브터 始한즉 翌週 其日의 前日 卽 月曜日과 翌月 其日의 前日 四日 써 滿期라 하ᄂ니라. 위의 책, 본문, 180면. 日本明治民法 제139조 내지 제143조 참조.
53) 위의 책, 본문, 189~181면.
54) 위의 책, 본문, 181면. 日本明治民法 제162조 내지 제165조 참조.

筭ㅎ야二十年間이오債權은十年間此를行치아니홀時는卽此時效를
因ㅎ야消滅에歸홈이라故로假令債權者가債務者를對ㅎ야辨償期限
以後에至ㅎ야도何等의請求나又執行을行치아니ㅎ고十年間을默過
혼즉其債權은消滅에歸ㅎ야債務者는其報償의責을免ㅎ느니是卽權
利는其不使用을因ㅎ야消滅홈이라ㅎ는原則을依ㅎ는者라如此히長
久혼時期에其權利를行치아니홀時는當初로브터旣已消滅혼者로홈
이라消滅時效에當ㅎ야는右陣혼二十年과十年外에此보다短혼者가
有ㅎ야二十年과十年은此를長期時效라稱ㅎ고其他는短期時效라稱
ㅎ나니五年間,三年間,二年間及一年間等四種이是라[55] 하였다.

　(d) 時效의 中斷에 대하여, 夫時效는取得과消滅을勿論ㅎ고所有
者,債權者等權利者가其權利를行使치아니ㅎ고法定期間을默過홈에
因ㅎ야成ㅎ는者니其期間經中에權利者가其權利를行使혼즉此를因
ㅎ야其以前의期間은水泡에歸ㅎ고其時로브터更히起筭ㅎ야法定期
間을經過홈을要ㅎ느니此를時效의中斷이라云홈이라此中斷의時效
가生함에는右와갓치權利行使에在ㅎ나法律은此를限定ㅎ야(一)請求
(二)執留,假執留或假處分(三)承認으로限定ㅎ느니此三種中에一이
有혼즉時效는玆에中斷ㅎ고其中斷의事由가終了혼時로브터其進行
을更始ㅎ나니라[56] 하였다.

(2) 物權編

1) 物權의 定義에 대하여, 物權은債權과가치財産權의一種이니

---

55) 위의 책, 본문, 181~182면. 日本明治民法 제166조 내지 제174조 참조.
56) 위의 책, 본문, 182면. 日本明治民法 제147조, 제148조 참조.

其財産의何物됨은古來로難解의一大問題라然ᄒ나普通의定義를依
ᄒ즉財産은各人又公私法人의資産을組成ᄒᄂ權利니財産은有形ᄒ
物件이아니라無形ᄒ權利를稱ᄒᄂ者오此權利ᄂ各人의資産을組成
ᄒᄂ元素라盖資産은各人의財産總括卽世俗所謂世幹이니此世幹을
組成ᄒᄂ各元素를指ᄒ야財産卽權利라云ᄒ이라…物權은何者오曰
(直接으로物上에行ᄒ고且一般人에게對抗홈을得ᄒᄂ私權이라)故로
物權은直接으로物上에行ᄒᄂ事와一般人에게對抗ᄒᄂ事의二條件
을具備ᄒ權利라[57) 하면서, 직접 물건 위에 행사하는 것과 일반인
에게 대항하는 것에 대하여 설명하고 있다.[58]

2) 物權의 種類에 대하여, 물권은 학술상으로 주되는 것과 종되
는 것으로 구별한다는 것이다.

(a) 主되는 物權에 대하여, 主되ᄂ物權은他權利에附從치아니ᄒ
고獨立ᄒᄂ物權을謂함이니此를占有權,所有權,地上權,永小作權等
四種에分說하노라[59) 하면서, 占有權,[60) 所有權,[61) 地上權[62) 및 永
小作權[63)에 대하여 각각 설명하고 있다.

(b) 從되는 物權에 대하여, 從되ᄂ物權은獨立ᄒ야成立홈이不能
ᄒᄂ니卽他權利에附從ᄒ야成立ᄒᄂ者라其種에五가有ᄒ니地役權,
留置權, 先取特權, 質權, 抵當權이是라地役權은所有權에附從되ᄂ

---

57) 위의 책, 본문, 182~183면.
58) 위의 책, 본문, 1833~184면.
59) 위의 책, 본문, 184면. 이와 같은 물권의 종류는 日本明治民法 제180조 내지 제279조 참조.
60) 위의 책, 본문, 184~187면.
61) 위의 책, 본문, 187~191면.
62) 위의 책, 본문, 191면.
63) 위의 책, 본문, 191면.

者이오其他四種은債權에附從되는者니라[64] 하면서, 地役權,[65] 留置權,[66] 先取特權,[67] 質權[68] 및 抵當權[69]에 대하여 각각 설명하고 있다.

(3) 債權編

1) 總則에 있어서, (a) 債權의 定義에 대하여, 債權은財産權의一種이라特定혼一人或數人이他特定혼一人或數人으로호야곰或事를行호거나行치못홈에服從케호는法律의羈絆이라是以로債權을或對人權이라稱호는者도有호니라如是히債權은他人에對호야作爲又不作爲를目的호는權利인則一方에其行爲를要求호는發動者와一方에又要求를受호는被動者가有함은自明호니然則債權이라홈은債務에對稱혼語라[70] 하였다.

(b) 債權의 主格(2人 이상의 특정한 人)에 대하여, 債權은人과人의法律上關係라其權利를持혼者와此에對호야義務를負호는者는殊別혼人됨을必要호니若同一혼人이될진대後에述홀바所謂混同을因호야其債權은消滅에歸홀지니是以로其權利를持혼者는債權者라稱호고義務를負호는者는債務者라稱호느니라[71] 하면서, 채권자와

---

64) 위의 책, 본문, 191~192면. 이와 같은 물권의 종류는 日本明治民法 제280조 내지 제298조 참조.

65) 위의 책, 본문, 192~194면.

66) 위의 책, 본문, 194~195면.

67) 위의 책, 본문, 195~197면.

68) 위의 책, 본문, 197~198면.

69) 위의 책, 본문, 198~199면.

70) 위의 책, 본문, 199~200면.

71) 위의 책, 본문, 200면.

채무자가 각각 1인인 때와 어느 한쪽이 수인인 때로 나누고 單數義務와 複數義務(多數當事者의 債權)로 나누고 있다.[72] 후자에는 不可分債務,[73] 連帶債務[74] 및 保證債務[75]를 각각 설명하였다.

(c) 債權의 目的(或事를 行케 하거나 行치 못하게 하는 事)에 대하여, 或事를 行ᄒᆞᆫ다홈은 形體上이나 資力上의 或行爲를 行ᄒᆞᄂᆞᆫ者니… 或事를 行치못ᄒᆞᆫ다홈은是와反ᄒᆞ야元來正當히得爲ᄒᆞᆯ事를特別히行치못홈이他營業者의利益을爲ᄒᆞ야同一ᄒᆞᆫ營業을營爲치못ᄒᆞᄂᆞᆫ類를 云홈이라盖債權者의目的은金錢으로假量ᄒᆞ기得ᄒᆞᆯ者에限홈과如ᄒᆞ나決斷코不然ᄒᆞ야金錢으로假量ᄒᆞ기不得ᄒᆞᄂᆞᆫ者라도ㅅ도ᄒᆞᆫ目的홈을得홈이라[76] 하면서, 채권의 목적에는 單一, 選擇, 任意 등의 구별이 있다고 한다.[77]

(d) 債權의 效力(爲不爲에 服從케 하는 法律의 羈絆)에 대하여, 盖債權의主되ᄂᆞᆫ效力은其義務를直接으로履行케하기爲하야訴權者의게與홈에在ᄒᆞ고又其不履行ᄒᆞᄂᆞᆫ境遇에ᄂᆞᆫ損害賠償을請求하ᄂᆞᆫ訴權을與홈에在ᄒᆞ니라[78] 하였다. 따라서 債權의 효력으로서 直接履行의 訴權,[79] 損害賠償의 訴權[80] 및 第三者에게 대한 債權者의

---

72) 위의 책, 본문, 200면.

73) 위의 책, 본문, 200~201면.

74) 위의 책, 본문, 201면.

75) 위의 책, 본문, 201면.

76) 위의 책, 본문, 201면. 日本明治民法 제399조 참조.

77) 위의 책, 본문, 201 - 202면.

78) 위의 책, 본문, 202면.

79) 위의 책, 본문, 202~203면.

80) 위의 책, 본문, 203~205면. 이 損害賠償의 訴權이 생기는 경우에는, ① 債務者가 債務履行을 拒絶함에 債權者가 强制履行을 不求하는 경우, ② 債務者가 履行을 拒絶함에 債務의 성질상 强制履行을 不許하는 경우, ③ 債務者의 責에 歸할 履行에 不能한 경우, ④ 履行遲延의 경우를 들어서 설명하고 있다.

權利[81]에 대하여 설명한다.

(e) 債權의 消滅原因에 대하여, 채권의 소멸원인으로서 辨償,[82] 相殺,[83] 更改,[84] 免除[85] 및 混同[86]을 들어서 설명하였다.[87]

2) 契約에 있어서, (a) 契約의 意義에 대하여, 契約은 物權과 債權을 不問ㅎ고 權利를 創設ㅎ거나 移轉ㅎ거나 變更ㅎ거나 消滅케ㅎ는 事를 目的ㅎ는 二人以上 意思의 合致를 謂홈이라[88] 하였다. 이와 같은 계약은 여러 기준에 따라서 雙務契約과 片務契約, 有償契約과 無償契約, 諾成契約과 要物契約, 要式契約과 不要式契約, 實定契約과 射倖契約, 主되는 契約과 從된 契約 및 有名契約과 無名契約으로 나눈다고 설명하고 있다.[89]

(b) 契約의 效力에 대하여, 各種契約은 其何種됨에 不拘하고 皆適法으로 行ㅎ者는 其當事者間에는 法律과 同一ㅎ 効力이 有홈이라 故로 此를 必守하야 履行하고 敢히 違反홈을 不得하며 又 兩便의 承諾이 有홈이 아니면 廢罷홈을 不得하느니라 當事者는 特別ㅎ 契約으로 普通法規定에 反對하거나 其効力을 增減홈을 得호ㄷㅣ 但 公共한 秩序나 善良ㅎ 風俗에 關ㅎ 法律規定에 當ㅎ야는 此限에 不在ㅎ니라 … 契約의 効力은 其當事者 兩便에 及홈이 如此호ㄷㅣ 契約者 以外의 第三者에게 對ㅎ야

---

81) 위의 책, 본문, 205면. 이에는 間接訴權과 廢罷訴權을 들어서 설명하고 있다.

82) 위의 책, 본문, 205면.

83) 위의 책, 본문, 205~206면.

84) 위의 책, 본문, 206면.

85) 위의 책, 본문, 206~207면.

86) 위의 책, 본문, 207면.

87) 이와 같은 채권의 소멸원인은 日本明治民法 제474조 내지 제520조 참조.

88) 위의 책, 본문, 207면.

89) 위의 책, 본문, 207~208면.

늘毫末도未及홈이原則이라然ᄒ나當事者의相續人及其他一般承繼人에게對ᄒ야늘其効力이及ᄒᄂ니是늘一般承繼人은其被承繼人의有혼總權利義務를承繼ᄒ고從ᄒ야特別혼契約으로브터生ᄒᄂ權利義務도亦幷承繼ᄒᄂ者가되ᄂ所以니라[90] 하였다.

(c) 有名契約에 대하여, 有名契約으로서 贈與,[91] 賣買,[92] 交換,[93] 消費貸借,[94] 使用貸借,[95] 賃貸借,[96] 雇傭,[97] 請負,[98] 委任,[99] 寄託,[100] 組合,[101] 終身定期金,[102] 和解[103] 등 13개를 들어서 설명하고 있다.[104]

3) 契約 이외의 債權의 發生原因에 있어서, (a) 事務管理에 대하여, 法律上所謂事務管理늘義務업시他人을爲하야事務를管理홈을謂함이니卽本人의何等委任이無홈에不拘ᄒ고好意로써行ᄒᄂ바라故로此事務의管理를旣始혼時늘其事務의性質을從하야本人의利益에最適혼方法을依ᄒ야管理홈을要호ᄃㅣ若本人의意思를知ᄒ거나又推

---

90) 위의 책, 본문, 208~209면.

91) 위의 책, 본문, 209면.

92) 위의 책, 본문, 209면.

93) 위의 책, 본문, 209~210면.

94) 위의 책, 본문, 210면.

95) 위의 책, 본문, 210면.

96) 위의 책, 본문, 210면.

97) 위의 책, 본문, 210면.

98) 위의 책, 본문, 210면.

99) 위의 책, 본문, 210면.

100) 위의 책, 본문, 210면.

101) 위의 책, 본문, 210면.

102) 위의 책, 본문, 211면.

103) 위의 책, 본문, 211면.

104) 이와 같은 유명계약은, 日本明治民法 제555조 내지 제696조 참조.

知함을可得ᄒᆞ時ᄂᆞᆫ其意思에從ᄒᆞ며又其管理의始ᄒᆞᆫ事ᄅᆞᆯ遲滯업시本人에게通知ᄒᆞ고且本人或相續人이나法定代理人이管理ᄒᆞ기得ᄒᆞ기ᄭᆞ지其管理ᄅᆞᆯ繼續홈을要하고管理者가本人을爲ᄒᆞ야有益ᄒᆞᆫ費用을出ᄒᆞ時ᄂᆞᆫ本人에게對ᄒᆞ야其償還을要求하고又必要ᄒᆞᆫ債務ᄅᆞᆯ負擔ᄒᆞᆫ時ᄂᆞᆫ本人으로ᄒᆞ야곰辨償ᄒᆞ거나擔保ᄅᆞᆯ供케함을得ᄒᆞ나若本人의意思에反ᄒᆞᆫ時ᄂᆞᆫ오즉本人이利益을現受ᄒᆞᄂᆞᆫ度內에만限ᄒᆞᄂᆞ니라[105]하였다.

(b) 不當利得에 대하여, 不當利得은法律上의原因이無ᄒᆞ고他人의財産이나又其勞務ᄅᆞᆯ因ᄒᆞ야利益을受함으로他人에게損失을及ᄒᆞ者ᄅᆞᆯ謂홈이니其利益을受ᄒᆞᆫ限度ᄭᆞ지返還하ᄂᆞᆫ義務ᄅᆞᆯ負홈이라是故로不當辨償卽存在치아니ᄒᆞᆫ債務의辨償으로支撥ᄒᆞᆫ時ᄂᆞᆫ其支撥의返還을請求하기得ᄒᆞᄂᆞ니라[106] 하였다.

(c) 不法行爲에 대하여, 故意나過失을因ᄒᆞ야他人의權利ᄅᆞᆯ侵害홈을不法行爲라云ᄒᆞᄂᆞ니此ᄅᆞᆯ因ᄒᆞ야生ᄒᆞᆫ損害ᄂᆞᆫ不可不賠償ᄒᆞᄂᆞᆫ責을任함이라所謂他人의權利를侵害홈이라홈은財産權ᄲᅮᆫ아니라他人의身體,自由,名譽ᄅᆞᆯ害ᄒᆞᄂᆞᆫ境遇도皆包含하고因ᄒᆞ야其損害에도其賠償을要ᄒᆞᄂᆞ니此事ᄂᆞᆫ自己의行爲ᄲᅮᆫ아니라自己의威權下에在ᄒᆞᆫ者의行爲ᄅᆞᆯ因ᄒᆞ야生ᄒᆞᆫ損害에도其責을任홈이라假令子의行爲에父와被後見人의行爲에後見人과職工의行爲에工場長이責任을負ᄒᆞᄂᆞᆫ等이是오其他自己의使用ᄒᆞᄂᆞᆫ動物이他人에게加ᄒᆞᆫ損害도其責을任홈이有ᄒᆞᄂᆞ니라[107] 하였다.

---

105) 위의 책, 본문, 211면. 日本明治民法 제697조 내지 제702조 참조.

106) 위의 책, 본문, 212면. 日本明治民法 제703조 참조.

107) 위의 책, 본문, 212면. 日本明治民法 제709조 내지 제718조 참조.

4. 結 語

이상으로 한국민법전 이전의 민법학 가운데 兪星濬의 「法學通論」에서의 민법학은 어떠한 것이었는가를 원문과 함께 보았다. 이로써 우리나라에서 일본을 통하여 서양의 민법학이 어떻게 받아들여졌는가에 대하여 알 수 있게 되었다.

兪星濬은 그의 「法學通論」을 통하여 서양의 법학을 일본이 어떻게 수용하여 국력을 부강하게 하였는가에 대하여 직접 체험한 결과[108]를 經國大典의 체제 아래에 있는 우리나라에서 실현하고자 하였음을 알 수 있다. 즉 그의 自序에서 집필동기를 서술하고 있는 바와 같이 우리나라에서도 빨리 개화하기 위하여 법의 개화를 서둘러야 한다는 애국심과 민족의식이 넘치는 애국법학(?)으로 평가될 수 있다.[109] 兪星濬은 일본명치민법에 받아들여진 서양의 민법학의 개념과 체계를 나름대로 국한문병용이지만 최초로 소개함으로써 우리나라에서 민법학의 길을 열었다 할 것이다.

특히 兪星濬의 「法學通論」에서의 민법학은 비록 국한문병용으로 된 저술이지만 우리의 글에 의한 최초의 민법학이라고 평가할 수 있을 것이다. 그 이후에 민법학에서의 개념과 법리의 체계가 어떻게 전개되었는가에 대하여 다시 검토되어야 할 필요가 있다고 본다.

---

108) 崔種庫, 「韓國法學史」(1990), 236면.

109) 崔鍾庫, 「韓國法學史」(1990), 324면; 동, 「韓國의 西洋法受容史」, (서울: 박영사, 1982), 30면.

제2절 民法敎科書에 의한 民法學110)

1. 序 說

우리나라에서는 관립학교로서 法官養成所111)가 1895년 4월 19일 칙령 제49호에 의하여 설립되어 법관의 양성을 위한 근대적 법학교육이 실시되었다.112) 당시 法官養成所의 교육과정을 보면, 法學通論, 民法, 刑法, 民事訴訟法, 刑事訴訟法, 기타의 現行法律, 練習 등 7 과목으로 구성되었다.113) 그 후에 여러 차례 교육과정의 개정이 있었으나, 우리나라의 민법전이 없었음에도 불구하고, 교과목으로 민법은 교육되었음을 확인할 수 있다.114) 그렇다면 당시의 法官養成所 교관은 어떻게 민법을 강의하였을까? 이에 대하여 崔鍾庫 교수의 조사에 의하면, 민법학에 관한 저서로 申佑善의 「民法總論」(1907), 兪致衡의 「物權法 第一部」(1907), 「物權法 第二部」(1907), 朴晩緖의 「物權法 第二部」(1907경), 柳東作의 「物權法」(1908), 石鎭衡의 「債權法 第一部」(1907경), 趙聲九의 「債權法 第

---

110) 이 부분은 연구의 중간발표로서, 尹大成, "韓國民法典 以前의 民法學(Ⅱ): 初期 民法敎科書에 의한 民法學", 「現代法學의 課題와 展望」(觀淡 金允求博士華甲記念), (서울: 법문사, 1999), 17~31면에 게재된 것임.

111) 梁承斗, "法官養成所에 관한 小考", 「世林韓國學論叢」 제1집(1977), 485~506면; 崔鍾庫, "法官養成所(法史餘滴 28)", 「法律新聞」, 1967.7.6. 등 참조.

112) 朴秉濠, "韓國法學敎育의 起源: 法官養成所와 京城帝大", 「近世의 法과 法思想」, (서울: 도서출판 진원, 1996), 173~178면.

113) 金孝全, "韓國開化期의 法學敎育", 「漢林 鄭樹鳳總長華甲記念論叢(人文社會科學篇)」, (부산: 동아대학교, 1988), 457면. 朴秉濠, "韓國法學敎育의 起源"(1996), 175~176면.

114) 金孝全, 위의 논문, 458~459면.

二部(甲)」(1907, 8경), 朴晩緒의 「相續法」(1907경) 등이 있었다.[115] 이 모두의 출판연도가 불명하지만, 兪星濬의 「法學通論」 이후에 출간된 것으로 추정된다. 또한 민법학에 관한 교과서들이 민법에 관하여 총칙(론), 물권법, 채권법 및 상속법으로 구별하고 있는 것도 이미 兪星濬의 「法學通論」에서 민법에 관하여 분류한 것과 다름이 없음을 알 수 있다.

이와 같은 민법학에 관한 초기적 교과서들이 어떠한 개념에 의하여 어떠한 법리를 전개하였는가를 분석함으로써, 우리나라 민법학의 초기적 발전을 알 수 있을 것이다.

2. 民法學에 관한 初期的 敎科書의 分析[116]

(1) 民法總論에 관하여: 申佑善의 「民法總論」[117]에서의 民法學

1) 申佑善의 「民法總論」에 있어서 民法學의 體系

(a) 「民法總論」의 解題

이 敎科書의 출판사항은 명확하지 않지만 1907년경에 출판된 것으로 추정되고,[118] 國漢文을 혼용한 縱書體로 인쇄된 菊版 269면에 이르는 것이다.

---

115) 崔鍾庫, 「韓國法學史」(1990), 299~319면.
116) 崔鍾庫, "開化期의 法學書", 「韓國近代法制史料叢書」, (서울: 아세아문화사, 1982) 참조.
117) 申佑善, 民法總論, 1907(경).
118) 崔鍾庫, 「韓國法學史」(1990), 300면 참조.

(b) 「民法總論」의 體系

이 교과서의 내용을 목차[119]에 의하여 살펴보면 다음과 같은 체계로 되어 있다.

緒論// 第一章 民法의意義 / 第二章 民法編纂의目的及沿革 / 第三章 民法編纂의體裁

第一編 總則 // 第一章 人// 第一節 私權享有 / 第二節 能力 / 第一款 未成年者 / 第二款 禁治産者 / 第三款 准禁治産者 / 第四款 妻 / 第三節 住所 / 第四節 失踪 / 第一款 不在者의財産管理 / 第二款 失踪宣告及其效力 / 第三款 宣告繳銷及其效力// 第二章 法人 / 第一節 法人의性質 / 第二節 法人의種類 / 第三節 法人의設立 / 第一款 法人設立의要件 / 第二款 法人設立의結果 / 第三款 法人設立後의義務 / 第四節 法人의管理 / 第一款 法定代理人 / 第二款 監事 / 第三款 總會 / 第四款 主務官廳 / 第五節 法人의解散 / 第一款 法人解散의事由 / 第二款 法人解散의結果 / 第三款 清算人의職務 / 第六節 罰則 // 第三章 物 // 第四章 法律行爲 // 第一節 總論 / 第二節 意思表示 / 第三節 代理 / 第四節 無效及繳銷 / 第五節 條件及期限 // 第五章 期間 // 第六章 時效 // 第一節 總論 / 第一款 時效에罹홀權利 / 第二款 時效의援用 / 第三款 時效의效力發生하는時期 / 第四款 時效의抛棄 / 第五款 時效의中斷 / 第六款 時效의 中斷 / 第二節 取得時效 / 第三節 消滅時效 / 第一款 總論 / 第二款 債權의消滅時效 / 第三款 債權及所有權以外財産權의消滅時效

이와 같은 민법총론의 체계는 兪星濬의 「法學通論」에서의 민법의 체계[120]와 거의 같음을 알 수 있다.

2) 民法의 意義에 대하여

申佑善은 그의 「民法總論」에서 민법의 의의를, 民法의名稱은其源이羅馬市民法에始ᄒ야法國이繼受혼者ㅣ니所謂市民法은羅馬內國人에關혼法律이라.今其民法의意義를知코져홀진딕ㅣ先其法律의意義를不知ᄒ면不可ᄒ니其法律의意義는形式上과實質上의二種으

---

119) 申佑善, 앞의 책, 目次, 1면 이하.
120) 兪星濬, 앞의 책, 본문, 155~182면.

로區別호니形式上意義에는法律者는國會(立憲國)의協贊을經호야發布혼條規오實質上意義는學者의辯論의不一호나其中適當혼者는法律은人民行爲의準則을規定혼主權者의命令이라[121]고 설명하였다.

따라서 민법은 로마 시민법에서 시작하여 프랑스에서 계수한 것으로서, 소위 시민법은 로마 내국인에 관한 법률이라고 하였다. 민법의 의의를 알고자 할 때에 먼저 법률의 의의를 알지 않으면 안된다면서 법률의 의의에 대하여 설명을 하고 있다. 또한 법률에는 공법과 사법으로 구별되고 사법에도 여러 가지가 있다면서, 私法中에는商法과破産法等이有호야一私人된資格으로行홀行爲를規定호얏신즉民法과私法의意義를同一히論홈은不可혼지라.然이나民法은私人的法律關係의通則을規定혼法律이니特別혼規定이無혼以上에는私人相互間關係에對호야專혀此法을適用호는者라.故로私法中通法이오ㅅ도民法은外地法律의實行을輔助호기爲호야制定호는助法이아니라直接으로人民의權利義務를規定호야民事訴訟法의幫助를因호야實行호는者인즉主法이되느니總言호면民法은一個私法으로通法과主法의性質을具有혼法律이리라[122]고 설명하였다.

이상을 종합하면, 민법은 "인민행위의 준칙을 규정하는 주권자의 명령"이라고 할 것이고, 또한 민법은 "사인적 법률관계의 통칙을 규정한 법률"[123]인 것이다.

---

121) 申佑善, 앞의 책, 본문, 1면.

122) 위의 책, 본문, 4면.

123) 이 점에서 兪星濬의 見解와 같다. 즉 兪星濬은 "民法은私人的法律關係의通則卽私法上의權利義務를規定혼普通法"이라고 하였다. 兪星濬, 앞의 책, 본문, 155면.

3) 民法編纂의 目的과 編纂體系에 대하여

(a) 먼저 民法編纂의 目的에 대하여, 申佑善은 민법전의 편찬에 대하여 제2장 民法編纂의 目的及沿革에서 그 목적을, 民法은各人이國家的共同生活흠을當ᄒ야互相關係를規定흔必要準則이라.故로民法의名稱과成文에條規가無흘지라도國家가成立되야各人이共同生活흔以上에ᄂ不文法律로民法의本體가存在흠은多辯을不待흘지라.然이나社會가進步흠을隨ᄒ야法律로漸次進就ᄒ고또法律學도發達되야適當흔名稱을命名ᄒ기에至ᄒ야國家的共同生活흠에對ᄒ야各人互相關係를規定흔法律을名ᄒ야民法이라稱흠에遂至흘뿐더러外地法律과ᄶ치民法도最近에ᄂ不文法이러니漸次成文法으로進就ᄒ고更進一步ᄒ야民法이라ᄂ法典을編纂흠에至흠은古來各國立法史에徵ᄒ야明白흔지라.現今英國ᄶ치不文法을自負ᄒᄂ邦國도近來에ᄂ有力흔學者間에民法法典의編纂을唱道ᄒ니盖古今列國의民法法典編纂흔目的과理由를觀察ᄒ건듸ㅣ或은紊亂흔社會의秩序를回復ᄒ기爲ᄒ야編纂ᄒ고或은一國內에行ᄒᄂ法律이散亂ᄒ야人民의國家的團結이妨害되ᄂ緣由를救濟코져ᄒ야爲先民法을編纂ᄒ야法律의統一을圖謀ᄒ고或은法律이多年積堆ᄒ야實制上適用이不便흠으로整頓ᄒ기爲ᄒ야編纂하얏시니곳有名흔羅馬의十二銅律은不文法의濫用으로權利의侵害를當흔平民의不平을求ᄒ기爲ᄒ야制定한者오, 德國民法은各聯邦이固有흔民法을採用흠으로國家的團結에妨害됨으로國家를統一흘方便으로制定흔者오ᄉ도羅馬쥬드지니안帝의法典은多年累積흔法制를整頓ᄒ기위하야編纂흔者오日本新民法은法令을統一하고對外條約을改正ᄒ야國家의體面을完全케흘目的으로編纂흔者ㅣ라[124]고 서술하고 있다.

따라서 민법은 각인이 국가적 공동생활을 함에 있어서 상호관계를 규정한 필요준칙이고, 비록 민법이라는 명칭과 성문의 조규가 없더라도 국가가 성립하여 각인이 공동생활을 하는 이상 불문법률로 민법의 본체가 존재하는 것이며, 오늘날 사회가 진보함에 법률도 점차 진취하고 법률학도 발달을 보아서 이와 같은 법률을 민법이라 부르게 되었다는 것이다. 또한 오늘날 각국의 민법전을 편찬한 목적과 이유를 보면, 혹은 문란한 사회의 질서를 회복하기 위하여 편찬하고 혹은 한 나라에서 행하는 법률이 산란하여 인민의 국가적 단결이 방해되는 연유를 구제하고자 민법을 편찬하여 법률의 통일을 도모하고 혹은 법률이 오랫동안 쌓여서 실제로 적용이 불편함을 정돈하기 위하여 편찬하였다는 것이다. 일본의 신민법은 법령을 통일하고 대외조약을 개정하여 국가의 체면을 완전하게 할 목적으로 편찬되었다고 한다. 이와 같이 申佑善은 당시 우리나라에 성문의 민법이 없는 상황에서 민법총론을 쓰는 것을 의식하였는지[125] 특히 민법전의 편찬에 대하여 상세히 서술하고 있다.

(b) 다음으로 民法編纂의 체제에 대하여, 申佑善은 민법편찬의 체재를 沿革體編纂法, 編年體編纂法, 歆譜體編纂法 및 論理體編纂法으로 나눠서 설명하고, 그 편찬방식에 대하여, 此方法(德國式編纂法)을호 즉總則編次에物權法을置호者와債權法을置호者의二種이有호야索遜民法은前者를採用호고싸싸리야民法은後者를模倣호지라.盖物權法을先編호는理由는契約과去來物件與受間에關호事ㅣ多홀ㅅ분더러契約의重大호目的物이物件인故로債權法首部에物權

---

124) 申佑善, 앞의 책, 본문, 5면.
125) 崔鍾庫, 「韓國法學史」(1990), 302면.

法의規定을排置흠이穩當ᄒ다흠에在ᄒ고ㅅ도債權法을先置흔理由
는元來債權法은法律的諸關係에重要흔部分을占有홀ㅅ분外라債權
法은原則은私法中他部分에適用이頗廣ᄒ고ㅅ도准用이甚多흠으로
總則編次에債權法을排置흠이便利ᄒ다흠에在ᄒ니德國新民法은싸
싸리야民法을模範ᄒ야債權法次에物權親族相續各編을順次排列ᄒ
얏고日本新民法은索遜民法의主義를採用ᄒ야物權法次에債親族相
續諸編을次第排置ᄒ야編纂흔지라今에本校의講義도我國에整正히
成文흔民法이無흠으로專혀此等主義卽索遜及日本民法의體裁를標
準ᄒ야論理的으로說明코져ᄒ노라126)고 서술하였다.

따라서 성문의 민법이 없는 당시의 현실 속에서 민법의 체제를
색슨민법 내지 일본민법의 체제를 표준으로 하고자 함을 들고 있
다. 즉 총칙, 물권, 채권, 친족 및 상속의 순서로 편찬하는 주의127)
에 따라서 민법을 서술하고자 함을 밝히고 있다. 이와 같은 민법의
편제에 관한 기본방향은 兪星濬의 민법편제에 관한 사고가 그대로
반영된 것으로 보인다.

4) 結 語

이상에서 본 바와 같이 申佑善의 「民法總論」에서의 민법학은
兪星濬의 「法學通論」에서의 민법학에서와 그 용어법이나 체제 등
에 있어서 동일성을 발견할 수 있다. 그러므로 민법총칙에 관한 초
기적 교과서는 兪星濬의 민법학에서 출발하여 더욱 심화시켜 발전

---

126) 申佑善, 앞의 책, 본문, 11면.

127) 이에 대하여 兪星濬은, "日本及德國의制定흔바롤就看흔則民法을物權,債權,親族及
相續의四編으로分ᄒ고其首에總則一編을冠ᄒ야써…."라고 함으로써, 소위 색슨民法
내지 日本民法의 編別方式에 따르고 있음을 알 수 있다. 이 점에서 서로 같다고 할
수 있다. 兪星濬, 앞의 책, 본문, 156면 참조.

시킨 것으로 보아야 할 것이다. 이와 같은 결론을 도출할 수 있는 것은 권리의 주체인 인에 관한 개념이나 법리의 전개에서 찾아볼 수 있다.

兪星濬은 이에 대하여, 私權을享有ᄒᄂᆫ者ᄂᆫ人에限ᄒ나苟其人이면반다시同一ᄒᆫ私權을享有홈이아니오其內國人과外國人됨을因ᄒ야各各異ᄒᆫ바有ᄒ니라[128]고 서술함으로써 사람(人)은 사권을 향유하는 주체임을 밝히고 그 향유는 다르다고 함으로써 천부인권설에 따르고 있다.

이에 대하여 申佑善은, 人은皆權利의主體로認ᄒ나此ㅣ法律의認許ᄅᆯ由ᄒ야生ᄒᆫ資格일ㅅ분더러各人이享有ᄒᄂᆫ權利도ㅅ도한法律이創設ᄒᆫ바라.…故로總言ᄒ면吾人이法律下에在ᄒ야平等으로私權을享有ᄒᄂᆫ能力이有ᄒ니此享有ᄒᄂᆫ分量에至ᄒ야는各人間에多少差異가有ᄒ니라[129]고 서술함으로써 사람(人)은 권리의 주체로 인정하지만 법률에 의하여 생기는 자격일 뿐이고 향유하는 권리도 법률이 창설한다고 하여 천부인권설을 비판하고 있다.

(2) 物權法에 관하여

1) 兪致衡의 「物權法第一部」에 있어서 民法學의 體系

(a) 「物權法第一部」의 解題

이 교과서의 출판사항으로는 간행연도가 불명하지만 1907년경으로 추정되고[130] 養正義塾에서 간행된[131] 국한문혼용의 종서체로

---

128) 兪星濬, 앞의 책, 본문, 157면.
129) 申佑善, 앞의 책, 본문, 14면.

인쇄된 국판 162면으로 되어 있다.

(b) 「物權法第一部」의 體系

이 교과서의 체계를 목차에 의하여 보면 다음과 같다.

---

130) 崔鍾庫, 「韓國法學史」(1990), 304면.

131) 崔鍾庫, 韓末과 日帝上 '法學協會'의 活動, 「愛山學報」 제2집, 198면 참조.

2) 柳東作의 「物權法」에 있어서 民法學의 體系

(a) 「物權法」의 解題

이 교과서의 출판사항도 명확하지는 않지만 1908년경에[133] 明治
學士 柳東作 講述로 출간된 국한문혼용의 종서체로 인쇄된 국판
230면으로 되어 있다.

(b) 「物權法」의 體系

이 교과서의 체계를 목차에 의하여 보면 다음과 같다.

緒言
第一章 總則 // 第二章 占有權 / 第一節 占有權의取得 / 第二節 占有權의效力
/ 第三節 占有權의消滅 / 第四節 準占有 / 第三章 所有權 // 第一節 所有權의
性質 / 第二節 所有權의內容 / 第三節 所有權의目的物 / 第一款 目的物의性質
/ 第二款 目的物에關ㅎㄴ所有權의範圍 / 第四節 所有權의制限 / 第一款 公益
에基ㅎㄴ所有權의制限 / 第二款 所有者相互의利益에基ㅎ制限 / 第五節 相隣
者의權利 / 第六節 所有權의取得 / 第一款 先占 / 第二款 遺失物의拾得 / 第三
款 埋藏物의發見 / 第四款 添附 / 第七節 所有權의消滅 / 第一款 共有의 性質
/ 第二款 共有者의持分及其分割 / 第三款 持分의讓渡 / 第四款 共有物의管理
及其分割 / 第五款 入會權 / 第四章 地上權 // 第一款 地上權의性質 / 第二款
地上權의權利義務 / 第三款 地上權의相續期間 / 第四款 地上權의消滅 // 第五
章 永小作權 // 第一節 永小作權의性質 / 第二節 永小作人의權利義務 / 第三
節 永小作權의存續期間 / 第六章 地役權 // 第一節 地役權의性質 / 第二節
地役權의種類 / 第三節 地役權의取得 / 第四節 地役權의效力 / 第五節 地役權
의消滅 // 第七章 留置權 // 第一節 留置權의性質 / 第二節 留置權의效力 / 第
三節 留置權의 消滅/[134]

132) 兪致衡, 「物權法第一部」(1907), 목차, 1면 이하.
133) 崔鍾庫, 「韓國法學史」(1990), 308~309면 참조.
134) 柳東作, 「物權法」(1908경), 목차, 1면 이하.

3) 俞致衡의 「物權法第二部」에 있어서 民法學의 體系

(a) 「物權法第二部」의 解題

이 교과서는 1907년경에 養正義塾에서[135] 국한문혼용인 종서체로 인쇄되어 출간된 국판 205면으로 되어 있다.

(b) 「物權法第二部」의 體系

이 교과서의 체계를 목차에 의하여 보면 다음과 같다.

緒言

第一編 總論 // 第一章 擔保의意義 / 第二章 物上擔保一般의性質 / 第三章 物上擔保의效果 / 第四章 物上擔保의沿革 // 第二編 留置權 / 第一章 留置權 / 第二章 留置權의效果 / 第三章 留置權者의權利及義務 / 第四章 留置權의 消滅 // 第三編 質權 / 第一章 總說 / 第一節 質權의定義 / 第二節 債權과質權의關係 / 第三節 質契約 / 第四節 質權의 目的物 / 第一 有體物 / 第二 權利 / 第五節 質權의要件 / 第一 設定要件 / 第二 繼續要件 / 第六節 質權의範圍 / 第七節 質權의效果 / 第一 質物을留置ᄒᆞᆫ權 / 第二 果實收取權 / 第三 放賣權 / 第四 不可分 / 第五 先取權에關ᄒᆞᆫ規定准用 / 第八節 質權者의權利 義務 / 第一 質權者의義務 / 第二 質權者의權利 / 第九節 物上保證 / 第十節 質權의消滅 / 第二章 動産質 / 第一 定義 / 第二 要件 / 第三 效力 / 第四 順位 / 第五 時效 / 第三章 不動産質 / 第一 定義 / 第二 要件 / 第三 效力 / 第四 存續期間 / 第四章 權利質 / 第一節 總說 / 第二節 債權質 / 第一 定義 / 第二 要件 / 第三 效力 // 第四編 抵當權 // 第一章 總說 / 第一節 定義 / 第二節 抵 當權의目的 / 第三節 抵當權의要件 / 第四節 抵當權의範圍 / 第二章 抵當權 의效果 / 第一節 總說 / 第一款 抵當權의順位 / 第二款 抵當權의失效 / 第三 款 抵當權의處分 / 第四款 抵當權의實行 / 第二節 債權者間에對ᄒᆞᆫ效果 / 第三節 第三者에게對ᄒᆞᆫ效果 / 第一款 總論 / 第二款 買收代價의辨償 / 第 三款 滌除 / 第一 滌除ᄒᆞ기可得ᄒᆞᆯ者 / 第二 滌除ᄒᆞ기可得ᄒᆞᆯ期間 / 第三 滌除 의節次 / 第四 滌除의效果 / 第三章 抵當權의消滅 / 第五編 先取特權 // 第一 章 先取特權의性質 / 第一節 一般先取特權이生ᄒᆞᆫ債權 / 第二節 特定動産 上에先取特權이生ᄒᆞᆫ債權 / 第三節 特定不動産上에先取特權이生ᄒᆞᆫ債權 / 第三章 先取特權의成立 / 第四章 先取特權의順位 / 第五章 先取特權의效果 / 第六章 先取特權의行使 // 第六編 物上擔保效果의順位 // 第一 留置權 / 第二

135) 崔鍾庫, 「韓國法學史」(1990), 304면 참조.

動産에對ᄒ야質權과先取特權이競合ᄒᄂ境遇 / 第三 不動産에對ᄒ야質權抵當權及先取特權이競合ᄒᄂ境遇[136]

4) 朴晩緒의「物權法第二部」에 있어서 民法學의 體系

(a)「物權法第二部」의 解題

이 교과서의 출판사항도 불명하지만 1907년경에 국한문혼용의 종서체로 인쇄된 것으로서 국판 221면으로 되어 있다.[137]

(b)「物權法第二部」의 體系

이 교과서의 체계를 목차에 의하여 보면 다음과 같다.

> 第一章 總論 // 第二章 留置權 // 第一節 留置權의性質 / 第二節 留置權의效力 / 第三節 留置權의消滅 // 第三章 先取特權 // 第一節 總則 / 第二節 先取特權의種類 / 第三節 先取特權의順位 / 第四節 先取特權의效力 // 第四章 質權 // 第一節 質權의性質 / 第二節 質權의目的物 / 第三 質權一般의效力 / 第四節 動産質 / 第五節 不動産質 / 第六節 權利質 / 第七節 質權의消滅 // 第五章 抵當權 // 第一節 抵當性質 / 第二節 抵當權의目的物 / 第三節 抵當權의效力 / 第四節 抵當權의消滅[138]

5) 結 語

이와 같이 물권법에 관한 초기적 교과서는 민법학에 있어서 물권법의 체계를 수립하고 있음을 확인할 수 있다. 특히 초기적 교과서에서 물권의 종류에 대하여 분류하는 것에 공통점을 발견할 수 있다. 즉 物權을 점유권, 소유권, 용익물권과 담보물권으로 분류함에는 모두 공통된다. 그러나 用益物權에 대하여, 兪致衡은 차지권과

---

136) 兪致衡,「物權法第二部」(1907경), 목차, 1면 이하.

137) 崔鍾庫,「韓國法學史」(1990), 308면 참조.

138) 朴晩緒,「物權法第二部」(1907경), 목차, 1면 이하.

지역권으로 나누고 다시 차지권을 지상권과 영소작권으로 나누고 있으나, 柳東作은 지상권, 영소작권 및 지역권으로 나누고 있다. 또한 擔保物權에 대하여, 兪致衡은 유치권, 질권, 저당권 및 선취특권으로 나누고 다시 질권을 동산질, 부동산질 및 채권질로 나누고 있으나, 朴晚緒는 유치권, 선취특권, 질권 및 저당권으로 나누고 다시 질권을 동산질, 부동산질 및 권리질로 나누고 있다. 그리고 이에 따라서 물권총론, 점유권, 소유권 및 용익물권을 물권법 제1부로 편제하고, 담보물권을 물권법 제2부로 편제하고 있음을 볼 수 있다. 이를 통하여 물권법에 관한 민법학의 체계를 어떻게 하고자 하였는가를 발견할 수 있다. 그러나 이와 같은 물권법에 관한 초기적 교과서는 兪星濬이 물권을 주되는 물권과 종되는 물권으로 나누고, 다시 주되는 물권으로 점유권, 소유권, 지상권 및 영소작권으로 나누고, 종되는 물권으로 지역권, 유치권, 선취특권, 질권 및 저당권으로 나누고 있는 것[139]보다 발전한 체계를 이루고 있다 할 것이다.

그러나 비록 그 분류의 방식에는 저자들 사이에 서로 약간 다르다고 하더라도 기본적인 면에서는 같은 것을 알 수 있다.

(3) 債權法에 관하여

1) 石鎭衡의 「債權法第一部」에 있어서 民法學의 體系

(a) 「債權法第一部」의 解題

이 교과서는 출간사항이 불명하지만 1907년경으로 추정되고[140]

---

139) 兪星濬, 앞의 책, 본문, 184－199면 참조.
140) 崔鍾庫, 「韓國法學史」(1990), 310면 참조.

국한문혼용의 종서체로 인쇄된 국판 310면으로 普成專門學校에서 출간되었다.

(b) 「債權法第一部」의 體系

緒言
總論 // 第一章 債權의定義 // 第二章 債權發生의原因 // 第三章 債權의目的 // 第一節 債權目的의 意義 / 第二節 債權目的에必要혼條件 / 第三節 債權目的의種類 / 第四節 選擇債權 / 第四章 債權의效力 // 第一節 履行 / 第二節 遲滯 / 第三節 强制履行 / 第四節 損害賠償 / 第五節 第三者에 대혼債權의效力 // 第五章 多數當事者의 債權 // 第一節 多數當事者의債權意義及種類 / 第二節 多數當事者의債權總則 / 第三節 不可分債務 / 第四節 連帶債務 / 第五節 保證債務 / 第一款 保證債務의性質 / 第二款 保證債務의原因 / 第三款 保證債務의效力 // 第六章 債權의變更 // 第一節 總論 / 第二節 債權의讓與 / 第一項 債權讓與의性質 / 第二項 債權讓與의完成 / 第七章 債權의消滅 // 第一節 總論 / 第二節 辨償 / 第一項 辨償의性質 / 第二項 辨償을行혼者 / 第三項 辨償을受혼者 / 第四項 辨償의目的 / 第五項 辨償의處所 / 第六項 辨償의費用 / 第七項 辨償領受者의義務 / 第八項 辨償의充當 / 第九項 辨償의提供 / 第十項 代位辨償 / 第三節 相殺 / 第四節 更改 / 第五節 免除 / 第六節 混同[141]

2) 趙聲九의 「債權法第二部」에 있어서 民法學의 體系

(a) 「債權法第二部(甲)」의 解題

이 교과서의 출판사항은 불명하지만 1907년경으로 추정되고[142] 趙聲九 講述 債權法第二部(甲)로 되어 국한문혼용의 종서체로 인쇄된 국판 181면으로 되어 있다.

(b) 「債權法第二部(甲)」의 體系

第一編 緒論 // 第二編 總則 // 第一章 契約의成立 / 第二章 契約

---

141) 石鎭衡, 「債權法第一部」(1907경), 목차, 1면 이하.
142) 崔鍾庫, 「韓國法學史」(1990), 312면 참조.

의效力 / 第三章 契約의解除 / 第一節 解除의方法 / 第二節 解除의
條件 / 第三節 解除의效力 / 第四節 解除權의消滅/[143]

3) 結 語

이상과 같이 채권법에 관한 초기적 교과서는 채권법의 체계를 채
권법 제1부와 채권법 제2부로 나누었다. 채권법 제1부는 채권의 정
의, 채권발생의 원인, 채권의 목적, 채권의 효력, 다수당사자의 채권,
채권의 변경 및 채권의 소멸로서 채권법총론의 체계를 수립하였다.
그리고 채권법 제2부는, 비록 간략한 내용의 것이지만, 계약법총칙
으로 계약의 성립, 계약의 효력 및 계약의 해제로서 채권법각론 중
계약법의 체계를 수립하였다. 이와 같은 채권법의 체계는 俞星濬이
채권법을 총칙, 계약, 사무관리, 부당이득 및 불법행위로 나눠서 구
성하고 있는 것[144]과 그 체계의 동일성이 있는 것이다.

제3절 西洋民法學의 飜譯法學으로서 初期的 理論繼受

지금까지 대한제국기의 민법학에 대하여 俞星濬의 「法學通論」
에 있어서 민법학과 민법학에 관한 초기적 교과서를 분석하여 고
찰하였다. 그 결과 우리나라의 최초 민법학은 대한제국기에 일본에
서의 민법학을 이론적으로 계수한 것을 알 수 있다. 즉 우리나라의
초기적 민법학에서의 민법의 체계, 용어법 및 개념과 법리는 이미

143) 趙聲九, 「債權法第二部(甲)」(1907경), 목차, 1면 이하.
144) 俞星濬, 앞의 책, 본문, 199~·212면.

일본이 서양법학을 계수하여 편찬한 민법전의 체계와 그 경험을
바탕으로 한 것이었다. 이와 같은 사정은 민법학에 관한 초기적 교
과서에서 저자에 의하여서도 지적되고 있다. 즉 申佑善은 그의 민
법총론에서 "…我國에整正히成文흔民法이無흠으로專혀此等主義卽
索遜及日本民法의體裁를標準ㅎ야論理的으로說明코져ㅎ노라."[145]
하였고, 石鎭衡도 "然則我大韓도國家는國家上으로此世界에共通하
는法理라도得謂홀法理를取ㅎ야一定흔標準이有흔法典을制定홀必
要가有ㅎ고, 人民은人民이各自로此法理를硏鑽ㅎ야生存競爭場에適
用홀必要가有홀지니是卽王吾人이此法理를硏究하는目的이不外홀
지로다."[146] 하면서, "盖此債權法은民法中의一部分이라現今世界의
各國이法典을編纂ㅎ는規模를觀ㅎ건대民法法典을五編에分ㅎ야第
一編에總則編, 第二編에物權編, 第三編에債權編, 第四編에親族編, 第
五編에相續編을置ㅎ나니此規模는日耳曼法系에屬흔邦國의規模오
羅馬法에屬흔邦國의規模는不然ㅎ야親族, 相續等人事編은法典第
一, 第二에排置ㅎ고物權, 債權等財産編은第三, 第四에排置ㅎㄴ니라.
此等事는本滿範圍以外로두ㅣ突然히債權法이나講義ㅎ면債權法은
如何흔法律인지疑慮홀弊端이不無ㅎ기로玆에發言을說明ㅎ노라
."[147]고 하였다. 따라서 당시 법관양성소나 보성전문학교 등에서
민법을 강의함에 있어서 성문의 민법이 없으므로 일본민법의 체제
를 바탕으로 하여 교과서를 강술하게 되었음을 알 수 있다.[148] 특

---

145) 申佑善, 앞의 책, 11면.

146) 石鎭衡, 앞의 책, 緖言, 2면.

147) 위의 책, 緖言, 2면.

148) 崔鍾庫, "開化期의 法學教育과 韓國法律家의 形成: 「法官養成所」와 「普專」의 教
科와 教授陣을 中心으로"(1981), 「法學」 제45호(서울대법학연구소, 1981.3), 63~101
면 참조.

히 明律이나 大典會通을 적용하다가 刑法大典을 적용하던 당시에
이와 같은 법전에는 소위 민·상사에 관한 규정이 거의 없기 때문
에 중대한 재산상 관계라도 법전에 의하지 않고 세력이 있는 자가
생각하는 대로 법률이 되어서 재산여탈이 좌우되는 확정판결이 내
려지는 형편149)에 있었다. 그렇기 때문에 초기의 민법학자(?)들은
모두 일본을 비롯한 외국에서와 같이 민법전을 편찬할 것을 주장
하였다. 그러나 이들은 대부분 관비유학생으로 또는 사비유학으로
일본에 건너가서 일본이 수용한 서양법학을 접촉하게 되었던 것이
다.150) 따라서 이들이 일본민법의 체제를 바탕으로 민법교과서를
강술하였고, 일본민법학을 통한 서양민법학을 소개한 것이라 할 것
이다.151) 즉 당시 일본의 민법학에 관한 저서를 번역한 번역법학으
로서의 민법학이 아닐 수 없다.152) 그러나 성문의 민법이 없는 상
황에서 법관이나 법률실무가를 양성하기 위하여 일본민법학에 의
한 서양법의 이론계수가 번역법학으로서라도 이뤄졌음은, 성문의
민법전을 편찬하거나 불평등한 조약의 개정을 위한 것이라기보다
도, 앞으로 일제에 의한 식민지배의 민법적 기초를 이루는 계기가

---

149) 위의 책, 緖言, 2면 참조.

150) 「大韓帝國官員履歷書」, (서울: 探求堂, 1972) 참조.

151) 우리나라에서 西洋法學과의 접촉과정은 크게 두 가지로 나뉜다. 즉 그 하나는 實學
과 中國을 통한 西洋法學과의 접촉이고, 다른 하나는 日本을 통한 西洋法學과의 접
촉이었다는 것에는 이론이 없다. 그러나 1905년 乙巳保護條約 이후에는 開化派를
중심으로 日本에 의한 西洋法學과의 접촉으로 기울었다. 그 결과 우리나라의 初期
的 民法學도 日本民法學을 바탕으로 西洋民法學을 소개하게 되었다. 이와 같은 현
상을 朴秉濠 교수는 "…이는 물론 명치유신 이후에 일본에 시행된 서구법의 계수과
정이 일제의 입김 아래 그대로 반복적으로 소개된 것이라고 볼 수 있다."고 평가하고
있다. 朴秉濠, "韓國法學敎育의 起源"(1996), 175면.

152) 崔鍾庫, 「韓國法學史」(1990), 324면; 동, "開化期의 韓國民法 等", 「民事法의 諸問
題」(李在徹박사회갑기념)(1984) 참조.

되었음은 지나칠 수 없다.

그렇지만 이와 같이 우리나라에서 兪星濬의 「法學通論」 이후에 민법학이 처음으로 몇 사람에 의하여 국한문을 혼용하였더라도 그 것이 우리의 글에 의하여 교과서의 형식이지만 서술되었다는 것은 전통적인 律學[153)]을 혁파하고[154)] 민법학의 태동이 있었다는 역사적 의미를 갖는다.

---

153) 崔鍾庫, "韓國의 傳統的 法學: 韓國律學史", 「法學」 제62·63합병호, (서울대법학 연구소, 1985.10), 186~220면 참조.

154) 이에 대하여, 근대화의 과정에서 혁파·도태된 전통적인 율학과 사법제도에 대해서도 역사적인 연구와 재평가를 하여야 한다는 주장이 있다. 朴秉濠, "韓國法學敎育의 起源"(1996), 173면.

제3장 日帝支配期(1905~1945)의 民法學

제1절 概 說

우리나라는 1905년 을사보호조약이 체결되면서 일제에 의한 입법적 제도개혁이 급진전하게 되었다. 이러한 변화 속에서 일제는 먼저 대한제국의 내각에 부동산법조사회를 설치하고 부동산에 관한 관습법의 조사 및 부동산입법을 추진하였다. 한편 일제지배기의 우리나라에도 법학인구가 증가하여 각종의 학회·협회가 형성되어 법학의 발전에 기여하였다. 그 가운데 민법학에 관한 주제를 중심으로 무엇을 어떻게 논의하였는가를 분석함으로써 당시의 민법학의 전개를 다루고자 한다. 여기에서 다루고자 하는 것은 일제의 지배 아래에서 不動産法調査會, 法學協會, 朝鮮司法協會 및 그 밖의 학회·협회는 어떻게 민법학을 발전시켰는가에 대하여 실증적으로 분석하여 검토하고자 한다.

특히 부동산법조사회는 어떠한 민법학의 기초를 갖고 있었는가? 그리고 법학협회에서는 어떠한 민법학의 문제를 논의하였는가? 더욱이 1910년 한일합병이 된 이후에 조선사법협회에서는 어떠한 민법학의 문제를 논의하였는가? 그리고 그 밖의 학회·협회는 어떠한 민법학의 문제를 논의하였는가? 등이 여기에서 다루고자 하는 과제이다. 본래 부동산법조사회는 시대적으로는 大韓帝國期에 속하지만 그것이 일제에 의하여 대한제국의 의정부(내각)에 구성되었고 그 활동의 주체가 일제에 의하여 이뤄졌기 때문에 일제지배기로 분류하였다. 그리고 법학협회는 시대적으로 대한제국기에서 일제지배기에 걸치고 있지만 그 구성 및 활동이 일제지배기에 다시 이뤄지면서 한국인 법률가와 일본인 법률가에 의하여 한국어 또는 일본어로 발표, 논의되었기 때문에 일제지배기로 분류하여 다루고자 한다.[1]

제2절 不動産法調査會에 의한 民法學:[2)] 梅謙次郎의 民法學

1. 序 說

일제는 우리나라에 통감부를 설치하고 한국 정부의 의정부(내각)에 부동산법조사회를 설치하였다. 이는 시기적으로는 대한제국기에 속하지만 일제에 의한 기구이기 때문에 일제지배기로 분류하였음은 앞에서 언급하였다.

일제는 부동산법조사회를 설치하고 그 회장에는 梅謙次郎을 그 위원에는 당시 탁지부 사세국장인 李德榮 외 7명을 임명하였다.[3)] 이 부동산법조사회는 우리나라에서 부동산에 관한 관습법조사를 최초로 한 것이다. 이와 같은 부동산에 관한 관습법조사는 부동산

---

1) 이 부분의 중간발표로서, 尹大成, "日帝强占期(1905 - 1945)의 民法學", 「社會科學研究」, 제6집(창원: 창원대학교 사회과학연구소, 2000.2), 3~48면에 게재되었음.

2) 이 부분은 기존의 심층적 연구로서, 尹大成, "日帝의 韓國慣習法調査事業에 관한 研究"(1991년도 교육부지원한국학술진흥재단의 자유공모과제 학술연구조성비에 의한 연구), 「재산법연구」 제9권제1호, (한국재산법학회,1992), 37 - 72면; 동, 「한국민사법제사연구: 일제의 한국관습법조사사업과 민사관습법」, (창원: 창원대학교출판부, 1997) 등이 있음.

3) 조선총독부 중추원, 「朝鮮舊慣制度調査事業槪要」(1938), 5頁.

법의 제정을 위하여 부동산물권에 관한 필요한 사항을 우리나라의 모든 지방에 걸쳐서 짧은 시일에 그 대강을 밝히기 위한 특별관습 조사인 것이었다. 그 조사는 1906년 7월 23일에 경성 이사청에서 시작하여 각 지방을 출장하여 회장인 梅가 질문을 한 것에 대하여 각 지방의 이사관, 관찰사 및 부윤이 응답한 것을 기록하는 방법에 의하였다.[4)]

이 조사에 있어서 보좌관 中山成太郎이 보좌하고, 보좌관보 川崎萬歲가 집필을 하고, 위원 石鎭衡이 통역을 맡았다. 이 조사에서의 조사사항은 10개 항으로 나누고 제1항은 다시 10개의 세목으로 나눠서 이뤄졌다. 이와 같은 일제의 한국관습법조사사업에 의한 최초의 결과는 「韓國不動産ニ關スル調査記錄」으로, 부동산법조사회에 의하여 1906년 8월에 국판 89면으로 간행되었다.[5)]

이와 같은 日帝에 의한 우리나라의 부동산에 관한 관습법을 조사하는 사업을 주관한 부동산법조사회는 어떠한 민법학의 기초에 의하였는가? 이에 대하여 조사사항과 조사사항에 관한 설명 등을 중심으로 梅謙次郎 회장의 민법학이 어떻게 영향을 주었는가를 살펴보고자 한다.

---

4) 위의 책, 6면. 그 조사일정을 보면 1906년 7월 23일에 경성 이사청에서 조사를 실시한 후 각 지방순시는 7월 26일에 경성을 출발하여 인천에 도착하여 시작되었고, 27일에 경성으로 돌아와 28일에는 개성에 도착하고, 29일에 평양에 도착하고, 31일에 경성에 돌아와서 8월 1일에 수원에 도착하고, 2일에 대구에 도착하고, 3일에 부산에 도착하고, 5일에 마산에 도착하고, 6일에 경성에 돌아옴으로써 조사를 마쳤다. 부동산법조사회, 「韓國不動産ニ關スル調査記錄」(1906.8), 5頁 이하 참조.

5) 尹大成, "日帝의 韓國慣習法調査事業에 관한 研究", 「財産法研究」 제9권제1호, (서울: 한국재산법학회, 1992), 45면; 이에 대한 상세한 것은, 尹大成, "「韓國不動産ニ關スル調査記錄」의 研究: 日帝의 初期的 韓國慣習調査事業(1905－1910)에 의한 不動産慣習法의 分析", 「논문집」 제14권, (창원: 창원대학교, 1992.7), 111~115면.

2. 梅謙次郎의 行蹟과 活動

(1) 韓國에 오기 전의 行蹟6)

梅謙次郎은 1860년 7월 24일에 번의(藩醫)의 차남으로 태어나서 1874년 가을에 일가가 상경을 하였지만 가세가 매우 빈한하여 다음 해 3월에 동경외국어대학교에 입학을 하였으나 야점(夜店)에서 잡화를 파는 등의 아르바이트를 하지 않을 수 없었다. 1880년 2월에 동경외국어대학교 불어과를 수석으로 졸업하고, 바로 사법성법학교의 정칙 2기생에 보결입학을 하여 4년간의 연찬을 끝내고 1884년 7월에 수석으로 졸업을 하였다. 이를 계기로 1885년 12월에 문부성으로부터 법학연구를 위한 프랑스 유학을 허락받아서 리용 대학 법학부에서 수학을 하게 되었다.

프랑스의 리용 대학에서 약 2년 8개월의 노력을 한 결과는 박사학위논문인 "和解論"으로 결실을 맺었다. 1889년 7월에 梅는 이 논문으로 최우수의 평가와 포상을 받게 되었고, 일본인으로서는 최초로 프랑스에서 법학박사 학위를 받았다. 그는 이 논문에서, 당시 독일민법 제1초안(1888.10.)이 공포된 뒤이므로, 일본에서 보아소나드(Boissonade, M. G., 1825 – 1910)가 기초한 민법초안을 면밀히 검

---

6) 梅謙次郎에 관한 최근의 연구로서 岡孝(法政大學 敎授)의 "梅謙次郎著書及び論文目錄", 「法學志林」 제82권 제3, 4합병호(제659호)(東京: 法政大學, 1985), 137~214면; 동, "明治民法と法政大學: 歸國百年を紀念して", 「法政」(東京: 法政大學, 1991), 21~29면 등이 있다. 岡 교수는 1989년 3월 9일부터 17일까지 한국을 방문하여 梅의 관습조사 등 한국에서의 활동을 조사하고 자료를 수집하고자 필자와 만난 일이 있었다. 그 결과는 그의 논문 "明治民法と梅謙次郎: 歸國100年を機にその業績を振り返る", 「法學志林」 제88권 제4호(東京: 法政大學, 1991.3) 가운데 '梅先生の韓國における立法活動'(21~26면)으로 다루고 있다. 여기에서 이를 참고로 하였다.

토할 수 있었다. 그는 이때에 민법전의 본질 내지 일본민법이 가져야 할 모습을 생각하였을 것이다. 더욱이 리용 대학을 마친 뒤에 梅는 독일 베를린 대학에서 수학을 하게 되었으며, 이 무렵 독일에서는 독일민법 제1초안이 공포되고 길케(Gierke, Otto von, 1841 - 1921)에 의하여 유명한 독일민법 제1초안에 대한 비판이 발표되었다. 그는 여기에서 당시 독일의 새로운 민법전 편찬에 접할 수 있는 기회를 가졌던 것이다.

1880년 8월 9일에 梅가 일본으로 귀국할 당시 일본에서는 보아소나드(Boissonade) 구민법의 일부가 1890년 4월에, 나머지는 같은 해 10월에 공포되어서, 그 전체가 3년 후인 1893년 1월부터 시행될 예정이었으나, 구상법이 1890년 말 제1회 제국회의에서는 대논쟁 끝에 그 시행이 연기됨에 따라서, 이에 힘을 얻은 연기파는 동경법학원(中央大學의 전신) - 그 창립자, 강사의 대부분은 동경대학의 영미법 법학사이었음 - 을 중심으로, 구관무시한 민법전의 시행연기운동이 확산되었다. 이에 대항하여 프랑스 법계의 화불법률학교(法政大學의 전신)와 명치법률학교(明治大學의 전신)가 중심이 되어서 즉시 단행을 주장하고, 그를 위하여 법치협회, 명법회를 1891년 12월에 결성하였다. 당시 梅는 단행파의 기수로서 활약을 하였다. 1892년 5월에 민법전시행연기법안이 의회에 제출되었을 때에 '법전실시단행의견'을 발표하여 대항하였으나, 결국 연기파의 승리로 돌아갔다. 그 결과 명치정부가 구민법의 수정작업을 하기 위하여 1893년 봄에 연기파의 穗積陳重, 富井政章과 함께 단행파에서 梅가 기초위원으로 선임되어서 명치민법의 기초를 하였다. 이어서 법전조사회에서도 梅는 비록 소수파일지라도 예리한 식견을 보였다. 그의 열성적인 법전기초활동은 명치민법의 제정에 절대적인 역할을 한 것으로 지적되고 있다. 특히 梅는 정부위원으로 민법전제정에 참여하여, 지주적 토지소유의 확립을 통하여 상품소유권으로서의 사적 토지소유권을 법제화함에 있어서 토지의 용익관계를 임대차제도에 한정하여 하였다.[7]

(2) 韓國에서의 行蹟

일제의 초대 통감인 伊藤博文은 우리나라에서의 부동산관습조사를 奧田義人에게 의뢰하였다고 한다. 그러나 奧田은 명치민법의 기초자 중 한 사람인 梅謙次郎을 추천하였고,[8] 梅는 1906년 7월에 한국정부의 법률고문으로 부임하게 되었다. 한편 梅는 한국정부의 법률고문으로 부임함과 함께 부동산법조사회의 회장으로 취임함으로써, 한국에서의 부동산관습조사를 최초로 실시하게 된 것이다. 이와 같은 梅는 일본에서 법전논쟁과 명치민법의 제정과정에서 민법전의 제정에 앞서 관습조사의 필요성을 절실히 갖게 되었으며, 초대 통감인 伊藤博文의 추천에 의하여 법률고문으로 한국의 법률개혁을 맡으면서도 민법제정파로서 한국에서의 입법작업에 종사하면서 입법의 전제로서 한국의 민사관습을 조사하여야 한다는 입장을 가졌던 것이다.[9]

---

7) 渡邊洋三, 「土地・建物の法律制度(上)」, (東京: 東京大學出版會, 1970), 91~111頁.

8) 이에 대하여 奧田義人은 문부성 총무장관의 자리를 짧은 기간에 그만둘 때에도 伊藤에게 梅를 추천한 일이 있으며, 더욱이 한국법률조사를 처음에 자기에게 요청하였지만 스스로 단념하고 梅를 추천한 것으로 알려지고 있다. 奧田義人, "故梅博士追悼演說", 「雄辯」 제11호(1910), 82頁 이하. 그러나 이 발언에 대하여, 東川德治, 「博士梅謙次郎」 (1917), 182頁은 異論을 인용하고 있다.

9) 梅는 "첫째 어느 국가에도 민법은 존재하는바, 한국에도 있지만 성문으로 되지 않았으

그러나 그의 한국에서의 입법사업은 반대에 부딪혔다. 그럼에도 불구하고 梅는 여름과 겨울 휴가를 이용하여 한국에 와서 입법사업을 추진하였다. 그는 "새로 기초한 민법은 오로지 한국인만을 위한 것이어야 한다. …토지제도만은 일본인이나 한국인, 나아가 외국인에게도 공통된 것이 되지 않으면 안 된다."10)고 하였다. 따라서 그의 입법사업은 입법에 의한 차별성과 한국에 일본인의 경제적 진출을 보장하고 일본의 한국지배가 용이하도록 하려는 것이었음을 알 수 있다.11) 이와 같이 일제지배기에 있어서 정치가 伊藤博文과 법률가 梅謙次郎은 한국의 식민통치에 있어서 끊을 수 없는 관계에 있었음을 알 수 있다.12)

(3) 梅謙次郎의 活動 : 土地 등 不動産에 관한 慣習調査를 중심으로

梅는 우리나라에서 민사법에 관한 입법을 하기 위하여 그 전제로 관습조사를 하여야 할 것을 생각하였다. 이와 같은 생각을 갖게 된 것은 일본에서 명치민법의 시행이 있은 뒤에 택지이용권을 둘

므로 이를 성문법으로 하지 않으면 안 되며 더구나 종래의 나쁜 내용을 개정하기 위하여서도 민법전의 편찬이 필요하며, 둘째 영사재판권을 철회하기 위하여는 문명국의 법전과 유사한 것을 만들 필요가 있다."(梅謙次郎, "韓國の法律制度に就て(下)", 「東京經濟雜誌」 제1514호(1909.10), 10頁)는 이유를 들어서, 한국인에게만 적용할 민사법전의 제정이 필요하다는 것을 강조하였다. 그러나 이와 같은 민법전제정에 반대하는 입장(일본법강행파)에 의한 부정적 주장이 있었다.

10) 梅謙次郎, "韓國の法律制度で(下)"(1908.10), 10頁.

11) 이에 대한 상세한 분석은, 尹大成, "日帝의 初期的 韓國慣習調査事業과 不動産立法", 「私法의 諸問題」(耕虛 金洪奎박사화갑기념II)>, (서울: 三英社, 1992), 104~111면.

12) 岡孝, "明治民法と梅謙次郎"(1991.3), 22頁 및 주 76), 77), 78) 참조. 또한 梅는 伊藤이 암살되던 해인 1910년에 서울에서 입법사업에 종사하던 중에 50세로 병사하였다고 한다. 위의 논문, 梅謙次郎年譜, 32頁 참조.

러싼 분쟁에서 梅가 만든 민법으로서 해결할 수 없음이 판명되어 1909년에 '建物保護に關する法律'을 제정한 경험이 있었기 때문일 것이다.[13]

그가 행한 부동산에 관한 관습조사에 있어서 조사사항이나 조사사항설명을 보면 어떠한 민사법의 입법을 하고자 하였는가를 알 수 있다.

먼저 조사사항의 내용을 보면, 토지에 관한 권리의 종류, 명칭 및 그 내용을 포함한 10개 항목이었고, 제1항인 토지에 관한 권리의 종류, 명칭 및 그 내용에 관하여 다시 10개 세목으로 나뉘었다.[14] 이와 같은 조사사항을 통하여 보면, 梅는 우리나라에서의 토지에 관한 권리가 어떻게 존재하고 있는가, 토지의 소유형태, 토지에 관한 권리의 공시방법, 토지의 경계, 토지의 종목, 토지의 측량방법 등에 관하여 조사하고자 하였음을 알 수 있다.

---

13) 岡孝, "明治民法と梅謙次郎"(1991.3), 22頁.

14) 그 내용을 보면, 一, 土地에 관한 權利의 種類, 名稱 및 그 內容. / 1, 人民의 土地所有權을 認定하는지 않는지. 2, 土地所有權의 制限 및 負擔. 3, 國家는 어떠한 條件으로써 人民의 土地所有權을 徵收할 수 있는가. 4, 所有權은 土地의 上下에 미치는지 않는지. 5, 土地의 疆界에서 雙方 所有者의 權利의 限界. 6, 共有地의 處分 및 管理에 관한 慣習. 7, 借地權의 種類, 名稱 및 그 內容. 특히 建物所有者의 權利. 8, 地役權이 있는지. 만약 있으면 그 種類 및 效力. 9, 入會權이 있는지. 만약 있으면 그 種類 및 效力. 10, 質權, 抵當權의 設定條件 및 效力. / 二, 官民有 區分의 證據. / 三, 國有와 帝室有와의 區別如何. / 四, 土地臺帳 또는 이에 類似한 것이 있는지, 만약 있으면 그 帳簿에는 어떠한 事項을 記載하는지. / 五, 土地에 관한 權利의 讓渡는 모두 自由로운가. 또 그 條件, 節次如何. / 六, 地券 및 家券이라는 것이 있다고 들었는데 이는 어떠한 土地, 어떠한 建物에 대하여 存在하는가. 또 그 沿革 및 記載事項如何. / 七, 土地의 疆界는 언제나 分明한지 아닌지, 만약 分明하지 않은 것이 있다면 同一한 土地에 대하여 二人 以上이 同一한 權利를 主張하는 境遇가 적지 아니할 것이므로 이 境遇에는 어떠한 標準에 의하여 正當한 權利者를 定하는가. / 八, 土地의 種目은 어떻게 나누는가. 日本의 例는 田, 畑, 宅地, 山林, 原野 等. / 九, 土地丈量의 方法如何. / 十, 以上 各項에 대하여 市街地와 其他와 다른 것이 있으면 그 差異, 其他地方에 따라서 慣習이 다른 것이 있으면 그 區別로 되어 있다. 부동산법조사회, 「韓國不動産ニ關スル調査記錄」(1906), 1~3頁; 조선총독부 중추원, 「朝鮮舊慣制度調查事業槪要」(1938), 6~8頁.

다음으로 조사사항 설명의 내용을 보면, 梅는 조사에 앞서 조사 위원을 모아 놓고서 행한 설명의 요록인 「調査事項說明書」15)가 있다. 그 내용은 조사사항에 대하여 항목별 및 세목별로 설명한 것으로 국판 총 16면으로 1906년 9월에 간행되어서, 각 관계 관아에 배부한 것이다. 이에 의하면, 먼저 토지에 관한 권리의 종류, 명칭 및 그 내용에 관한 조사사항에 대하여 토지에 관하여는 어떠한 종류의 권리가 존재하고, 그 권리의 명칭은 어떠하며, 그 권리의 성질 및 효력 등의 내용 범위는 어떠한가는 먼저 조사할 중요한 항목이라 하면서, ① 인민의 토지소유권을 인정하는지 않는지, 만약 인정한다면 어느 때부터 이를 인정하였는가에 대하여,16) 토지에 관한 권리는 여러 가지가 있고 그 가운데 소유권은 가장 중요하고도 우등한 권리로서 가장 완전하게 토지를 지배하는 권리를 말하는 것이고, 따라서 인민의 토지소유권이 어느 나라에서도 처음부터 존재하였던 것이라고 하였다.

연혁적으로 보면 토지는 처음에는 국유 또는 크고 작은 단체의 공유에 속하는 것이 보통이고, 각인의 토지소유권은 대체로 후세에 이르러 발달한 것이라고 설명하고, 한국의 현상은 어떠한 상태에 있는가와 이미 인민에게 토지소유권을 인정하기에 이르렀는지 아닌지를 한국의 토지에 관한 권리를 밝히는 데 있어서 먼저 조사를 요하는 것이라고 설명하였다. 따라서 한국의 현상은 이미 토지소유권을 인정하였다면 과연 어느 시대부터 이를 공인함에 이르렀는가

---

15) 부동산법조사회, 「調査事項說明書」(1906.9). 여기에서 인용하는 것은 일본의 神戶高等商業學校(神戶大學의 전신)의 소장본에 의한다. 이에 관한 상세한 분석은, 尹大成, "日帝의 初期的 韓國慣習法調査事業과 不動産立法"(1992), 104~111면.

16) 위의 책, 1~2頁.

에 대하여 역시 분명하게 조사를 바란다고 하였다. 이와 같은 설명에서 토지의 개인소유권에 관하여 조사하고자 함을 알 수 있고, 토지의 개인소유권을 확립하고자 하는 조사임도 알 수 있다. ② 토지소유권의 제한 및 부담에 대하여,[17] 토지소유권은 토지에 관한 권리 중 가장 중요하고도 우등한 권리이지만, 이에 대하여 공익을 위한 여러 가지 제한 및 부담이 있는 것이 보통이다. 이러한 것은 일본 및 유럽 문명국의 법률에서 보는 것처럼 한국에서도 이미 토지소유권을 인민에게 인정하였다면 그 토지소유권에 관하여 법령 또는 관습에 의하여 어느 정도의 제한 또는 부담이 존재하지 않았는가 하고 의문하면서, 이른바 토지소유권의 제한이라 함은 토지의 소유권 위에 가해진 권리행사의 억제를 말하는 것으로써, 예컨대 광업법의 규정에 의하여 소유지 내에서 광물의 자유로운 채굴을 금지하고 또는 삼림법의 규정에 의하여 소유삼림 내에서 벌목을 제한하는 것을 말한다고 설명하면서, 한국에서 관습상 공지가 있으면 가옥을 짓기 위하여 토지를 사용하는 것을 거절할 수 없다고 한다면 이것 역시 토지소유권의 제한의 하나이다.

또한 이른바 토지소유권의 부담이라 함은 토지소유권에 대하여 토지에 수반하여 가해진 적극적인 의무를 말하는 것으로서 地租와 같은 부담이 주요한 것이다. 그 밖에 하천 연안의 토지소유자가 연안도로의 수선비를 부담하는 것이 있으면 그 한 예가 된다고 설명하였다. 이와 같은 설명에서 토지의 개인소유권이 인정되면 그에 대한 제한은 어떻게 되고 있는가를 조사하고자 하였음을 알 수 있다. ③ 국가는 어떠한 조건으로 인민의 토지소유권을 징수할 수 있

---

17) 위의 책, 2~3頁.

는가에 대하여,[18] 인민에게 토지소유권을 인정하더라도 국가가 공익상 필요가 있다고 인정되는 때는 인민으로부터 그 소유권을 징수할 권리가 있기 때문이며, 이를 실로 막을 수 없지 않는가 의문하면서, 일본 및 구미문명국의 법률 대부분이 인정하는 것처럼 한국에서도 반드시 이에 해당하는 것이 있을 것이므로 한국에서는 인민으로부터 토지소유권을 징수함에 있어서 어떠한 조건이 있는가, 특히 국고 기타에 의하여 반드시 보상금을 지급하는가, 바로 지급하는가를 조사하도록 설명하였다.

이와 같은 설명에서 토지의 개인소유권이 인정되는 경우에 그 토지를 공익을 위하여 수용할 수 있는 공법상의 제한과 토지수용에 있어서 어떻게 보상을 하는가를 알고자 하였음을 알 수 있다. ④ 토지소유권은 토지의 상하에 미치는지 않는지에 대하여,[19] 토지소유권은 오직 지구의 일부를 이루고 있는 토지의 표면을 지배하는 데 그치는 것이고, 그 권리의 일면은 지하에 미치고 다른 일면은 지상의 공간에도 미치는 것으로 일본 및 구미문명국의 법률에서는 이에 관한 규정이 있음이 보통이라고 설명하고, 이른바 소유권이 지하에 미친다는 것은 토지표면의 소유자는 당연히 그 지하를 지배권 내에 있는 것으로 하는 것을 말하는 것으로써, 예컨대 지하에 공사를 하는 것같이 표면의 소유자만이 이를 할 수 있고 다른 사람은 이를 할 수 없음을 말하는 것이다(다만, 광물에 관하여는 광업법이 광물국유주의를 취함으로써 이의 적용이 없음). 또한 지상에 미친다 함은 토지표면의 소유자는 그 지면 위의 공간을 당

18) 위의 책, 3頁.
19) 위의 책, 3~4頁.

연히 지배하여 타인이 그 공간을 이용하는 것(예컨대, 전선을 통과하는 등)을 제한하는 것과 같다. 만약 한국에서도 토지소유권이 지상 또는 지하에 미치는 관례가 있으면 어떠한 범위에서 행하여지는가를 조사하도록 설명하였다.

이 설명에서 토지의 개인소유권이 토지의 상하에 걸쳐 어느 범위까지 미치는가에 대하여 조사하고자 하였음을 알 수 있다. ⑤ 토지의 강계(경계)에서 쌍방 소유자의 권리의 한계에 대하여,[20] 토지의 경계에서는 서로 접합 토지소유자가 접촉함으로써 그들 사이에 권리의 행사로 충돌 또는 분쟁을 생기게 할 우려가 있다면서, 문명국의 법률은 상린자 상호의 이익을 참작, 안배하여 상린자 간 적당한 권리행사에 한계를 두는 것이 보통이라고 설명하고, 한국에서는 이에 관한 법령의 규정이 있는지 또 법령의 규정은 없을지라도 자연히 필요에 의하여 관습상으로 상린자의 권리행사에 대한 제한이 있는가를 조사할 사항이라고 설명하면서 이른바 상린자 간에 있어 권리의 한계에 대한 일본 법률이 인정한 예를 들고 있다. 즉 토지의 경계 및 근처에 담장 또는 건물의 축조 또는 수리, 위요지의 통행, 자연유수의 소통, 계표 등의 설치 및 비용부담, 건물축조의 거리, 조망의 제한, 지하시설의 거리 및 나무뿌리와 가지의 제거 등이라고 하였다. 이 설명에서 토지의 경계에 인접한 토지의 상린자 사이에 소유권의 행사가 어떻게 제한되는가를 알고자 하였음을 알 수 있다. ⑥ 공유지의 처분 및 관리에 관한 관습에 대하여,[21] 공유지에서 토지소유권이 1인에게 전속되지 않고 수인에게 속함으로써

---

20) 위의 책, 4~6頁.
21) 위의 책, 6~7頁.

그 권리를 행사함에 있어서 권리자 상호의 이해가 저촉됨을 면할 수 없다고 하면서, 이 경우에 공유지의 처분 및 관리에 관하여 권리자 상호간의 이해를 안배하여 그들 사이에 적당한 행사방법을 정할 필요가 있고, 일본 및 구미문명국의 법률은 이에 관하여 명확히 규명하고 있지만, 한국에서는 그 현상이 어떠하며 또 법령에 아무런 규정이 없으면 관습에 따라서 그 준거로 하는 것이 없는가. 예컨대, 공유지를 매각함에 있어서 공유자 사이에 이의를 하는 사람이 있는 때에는 어떻게 처리하는가. 공유지를 빌려 주거나 또는 공유지의 비용에 관한 부담 등에 대하여 공유자 사이에 협의가 이뤄지지 않는 때에 어떻게 하는가. 요컨대 공유자의 의사가 합치되지 않는 경우에 처리에 관한 예규, 관습 등은 이 항목의 조사사항이라고 하였다.

이 설명에서 토지의 공동소유에 있어서 그 법률관계가 어떻게 되는가를 알고자 하였음을 알 수 있다. ⑦ 차지권의 종류, 명칭 및 그 내용, 특히 건물소유자의 권리에 대하여,[22] 토지에 관한 권리 가운데 소유권 다음으로 토지의 이용에 큰 관계를 갖는 것은 차지권이고, 차지권은 소유권과 같이 넓은 범위에 걸쳐 토지를 지배하는 것일지라도 일정한 기간 내에(때로는 무기한의 것이 있음) 토지에 대한 당사자의 협정 또는 그 권리의 성질에 수반된 목적의 범위에서 토지를 사용하는 권리이므로, 이 권리는 토지의 이용에 가장 필요한 것으로 소유자 자신이 이를 이용하지 않는 때에는 모두 이 권리의 작용에 의하여 토지를 이용하게 되고, 따라서 이 권리의 발달은 소유권보다 먼저 각국의 풍속, 인정 및 문화의 정도 등에 따

22) 위의 책, 7~9頁.

라서 여러 가지로 발달하였으며, 한국에서도 토지에 관한 권리에 대하여 토지소유권 다음으로 이 권리를 명확히 할 것이 긴요한 일이며, 차지권은 일본 및 구미문명국에서도 그 종류가 다양함에 따라서 그 권리의 내용·범위도 다양하여, 그 권리의 가장 큰 것은 거의 소유권에 유사하고, 가장 작은 것으로 오늘 취득하여 내일 반환하는 것이 있고, 또 대나무의 소유를 위한 것만이 있고 또는 일체의 사용을 허용하는 것 또는 그 권리의 효력이 오직 당사자 간에 그치고 제3자에게 대항할 효력이 없는 것과 그 효력이 강대하여 누구에게도 대항할 수 있는 것으로 나누어져 있어서 차지권에 대하여 한국에서 어떠한 종류의 것이 있는지 그 명칭은 어떠한지, 그 권리들의 내용·범위는 어떠한지 등을 알 필요가 있으므로, 건물소유를 위한 차지권은 토지관행에 의하여 다르게 발달하는 것이 적지 않음을 고려할 때에 차지권 가운데 중요한 것으로써 특히 이 항목 중에 들어서 그 조사를 하여 밝혀야 한다면서, 일본의 법률이 인정하는 지상권, 영소작권, 임차권 및 사용차권의 정의를 설명하고 있다.

이 설명에서 토지의 용익권관계를 알고자 하였고, 특히 지역권, 입회권과 같은 토지의 물권적 용익권에 대하여 알고자 하였음을 알 수 있다. ⑧ 지역권이 있는지, 만약 있으면 그 종류 및 효력에 대하여,[23] 지역권은 한 토지의 편익을 위하여 다른 토지를 사용하는 권리로서 그 권리의 성질은 물권에 속하고, 이 권리는 당사자가 임의로 계약에 의하여 설정하는 것으로서, 혹은 통행 혹은 용수 혹은 공사 혹은 관망 등에 관하여 필요에 따라 다른 토지를 사용하는

---

23) 위의 책, 9~10頁.

것이고, 이 권리는 토지의 이용상 다른 토지를 사용할 필요가 있기 때문에 그 발생이 있는 것으로서 이 권리가 없으면 토지의 이용은 매우 불편이 많다고 설명하고, 한국에서는 이러한 권리가 있는지, 만약 있으면 어떠한 종류의 지역권인지 또 그 효력은 어떠한지가 이 항목에서 조사할 사항이라면서, 지역권에 속하는 관망권, 급수권 및 통행권을 예로서 들고 있다. ⑨ 입회권이 있는지, 만약 있으면 그 종류 및 효력에 대하여,[24] 입회권은 주로 산림·원야에 대하여 존재하는 권리로서 그 모습은 여러 가지이지만 대강을 말하면 다수의 사람이 일정한 산림·원야에 들어가서 어떤 목적의 범위 내에서 토지를 사용하고 또는 이를 수익하는 권리로서 이 권리는 관습에 따라서 자연히 발달한 것이 많지만, 때로는 계약에 의하여 인정된 것이 없지 않고, 이 권리의 범위도 역시 여러 가지가 있어서, 그 권리가 큰 것은 주산물의 수익에도 미치는 것이 있으며(예컨대, 산림에 대한 입목벌채권을 갖는 것), 보통은 부산물의 수익을 하는 데 그침으로써 부산물의 수익을 하는 것에 있어서도 그 범위는 역시 일정하지 않다고 하고 또 그 산림·원야도 입회권자의 공유에 속하기도 하고, 관유에 속하기도 하고, 다른 정촌(마을)의 소유에 속하기도 하며, 한 개인의 소유에 속한 것도 있다고 한다. 한국에서도 이러한 권리는 각 지방에 있는지, 만약 있으면 종류는 어떠한지, 그 모습은 어떠한지, 그 효력은 어떠한지를 이 항목에서 조사할 사항으로, 이 항목에 대하여는 지방에 따라서 관습이 다른 것이 많을 것이라고 설명하였다. ⑩ 질권, 저당권의 설정조건 및 효력에 대하여,[25] 질권, 저당권은 채권을 담보하기 위하여 토지 또

24) 위의 책, 10~11頁.

는 건물 위에 설정하는 권리로서, 이 양자의 구별은 질권에서는 채권의 담보로 한 부동산을 권리자에게 교부하고 보통 이를 사용·수익하는 하는 것이지만, 저당권에서는 그 목적물인 부동산을 채권자에게 교부하지 않는 데 있음으로써, 부동산을 채권의 담보목적으로 제공하는 점은 양자에 동일하고 채권이 기한에 이르러 변제되지 않는 때는 채권자는 곧 그 목적인 부동산 위에 권리를 실행하여 방법 및 절차에 따라 부동산을 처분하여 채권의 변제를 받을 수 있는 것이며, 한국에서도 이러한 권리는 반드시 존재할 것으로 믿지만, 과연 질권·저당권의 구별이 있는지 또 그 권리의 내용 및 그 권리의 설정조건 등은 어떠한지, 요컨대 이 항목에서는 부동산을 신용상으로 이용하기 위해 종래 한국에서 발달된 권리의 종류, 내용 등을 밝히는 것을 중점으로 하지만 가령 질권·저당권과 다르더라도 동일한 목적인 관습이 있으면 함께 이를 살필 필요가 있다고 설명하였다. 이 설명에서 토지의 담보물권에 대하여 알고자 하였음을 알 수 있다.

다음으로 토지의 관·민유 구분의 증거에 대하여,[26] 토지에는 관유지와 민유지의 구별이 있으며, 관유지라 함은 국가 또는 帝室의 소유에 속하는 토지를 말하고, 민유지라 함은 개인 또는 지방단체의 소유에 속하는 토지를 말하며, 이 양자의 구분은 때로 명확하지 않음을 피할 수 없는 것이라고 설명하고, 한국에서도 적어도 개인의 토지소유권을 인정한 이상 토지의 관유와 민유를 구별하는 것은 물론이겠지만 그 증거는 어디에 있는가를 묻고 있다.

---

25) 위의 책, 11~12頁.
26) 위의 책, 12頁.

그리고 국유와 황실유와의 구별에 대하여,[27] 근래 공법관념의 발달에 따라서 군주국에 있어서 국가의 경제와 제실의 경제를 분명히 구별하는 예에 따라 토지에 대하여도 관유지를 다시 국유와 제실유로 나눈다고 하면서, 한국에 있어서도 이 구별을 인정하는지 않는지, 만약 이를 인정한다면 무엇에 의하여 양자를 구별하는지 그 표준을 알고자 하는 것이라고 설명하였다.

토지대장 또는 이에 유사한 것이 있는지, 만약 있으면 그 장부에는 어떠한 사항을 기재하는지에 대하여,[28] 토지대장이라 함은 토지의 소재, 면적, 지목, 소유자 등에 관한 필요한 사항을 기재하는 공부를 말하고, 문명 각국에서는 이를 제정한 사례가 많다면서, 한국에서도 이와 같은 공부 또는 이에 유사한 것이 있는지, 만약 있으면 그 장부의 기재사항 등은 어떠한지를 묻고 있다.

또한 토지에 관한 권리의 양도는 모두 자유로운가, 또 그 조건, 절차에 대하여,[29] 일본에서도 유신 전에는 토지의 영대매매를 금하였고 또 현재에도 토지에 관한 권리에 대하여는 그 권리의 소재를 명백히 하기 위하여 권리의 이전을 확고하게 하기 위하여서 이 양도에 대하여 등기 등의 형식을 필요로 하고 있다면서, 한국에서는 토지에 관한 권리의 양도는 모두 자유로운가, 또 그 양도를 하는 쪽에서는 일정한 조건, 절차 등을 요하는가. 예컨대, 토지매매에 대하여 지권의 교부 또는 문기의 작성을 요하는가와 같은 것이 없는가를 상세히 알고자 한다고 하였다.

---

27) 위의 책, 13頁.

28) 위의 책, 13頁.

29) 위의 책, 13~14頁.

地券 및 家券이라는 것이 있다고 들었는데 이는 어떠한 토지, 어떠한 건물에 대하여 존재하는가, 또 그 연혁 및 기재사항에 대하여,[30] 한국에서는 지금 지권 및 가권의 제도가 있는 것 같으며, 이 지권 및 가권은 어떠한 토지, 어떠한 건물에 대하여 발급하는지 또 그 지권 또는 가권의 제도의 연혁은 어떠한지와 함께 지권 및 가권에 기재할 사항은 어떠한지를 조사하고자 한다고 하였다.

그리고 토지의 강계(경계)는 언제나 분명한지 아닌지, 만약 분명하지 않은 것이 있다면 동일한 토지에 대하여 2인 이상이 동일한 권리를 주장하는 경우가 적지 아니할 것이므로 이 경우에는 어떠한 표준에 의하여 정당한 권리자를 정하는가에 대하여,[31] 토지의 경계가 불명함은 어느 국가에서도 자주 볼 수 있는 사실이고 특히 한국에서 그 사실이 많다고 들었는데 이 경우에 그 경계를 정하는 표준은 어떠한지 특히 경계가 불명하기 때문에 2인 이상이 하나의 토지에 대하여 서로 하나의 권리를 주장함이 적지 않을 것이며, 이러한 때에 어떠한 표준에 의하여 정당하게 권리자를 정하는가, 이에 관하여 한국에서 종래 관행된 기준이 있으면 이를 알고 싶다고 설명하였다.

또한 토지의 종목은 어떻게 이를 나누는가에 대하여,[32] 일본의 예를 든 것처럼 한국에서도 반드시 이에 유사한 종목이 있으면 그 상세를 알고 싶다고 하였다.

이와 함께 토지 장량(측량)의 방법에 대하여,[33] 한국에서는 토지

---

30) 위의 책, 14頁.
31) 위의 책, 15頁.
32) 위의 책, 15頁.
33) 위의 책, 15頁.

의 면적을 측량함에 어떠한 방법을 쓰고 있는가, 이에 대하여 종래의 관행을 알고자 한다고 하였다.

끝으로 이상 각 항에 대하여 시가지와 기타와의 다른 것이 있으면 그 차이는 무엇인가, 그리고 기타 지방에 따라서 관습이 다른 것이 있으면 그 구별은 무엇인가에 대하여,[34] 이상 각 항에 대하여 지방에 따라서 다소 관습이 다른 것이 있으면 특히 시가지와 다른 지방과의 다른 것이 많을 것이므로, 예컨대 한국에서도 그 차이가 있을 것으로 믿으니 답안에는 이를 명백히 함을 요한다고 하였다.

이상에서 본 바와 같이 梅는 우리나라에서 부동산에 관한 관습법을 조사함에 있어서 어떻게 할 것인가에 대하여 설명을 하였다. 이 설명을 통하여 梅는 자신이 일본에서 명치민법의 강행파로 활동을 하였고, 실제로 일본민법을 제정하는 과정에 참여한 경험을 바탕으로, 우리나라에서 부동산에 관한 관습법이 어떻게 존재하는가를 확인하면서도, 일본민법이 서양의 근대법을 수용한 것[35]과 무엇이 다른가에 초점을 둔 것으로 보인다. 그렇다면 梅는 일본에서의 민법학[36]에 바탕을 둔 우리나라의 부동산에 민사관습법을 조사하고자 하였다고 할 수 있다.

---

34) 위의 책, 16頁.

35) 일본 민법은 토지에 관한 권리를 개인소유권의 확립을 통하여, 소유권을 중심으로 용익물권에 지상권, 영소작권 및 지역권으로, 담보물권에 유치권, 선취특권, 질권 및 저당권으로 한정하였고, 소유권에 있어서 공동소유로 공유만을 인정하고 입회권을 들고 있었다. 이것을 梅謙次郎은 우리나라에서의 부동산관습조사를 함에 있어서 그 기초로 하였음을 알 수 있다. 梅謙次郎, 「民法要義 卷之二 物權編」, (東京: 有斐閣, 1985 覆刻版), 100頁 이하 참조.

36) 그러나 일본에서의 민법학은 이미 독일법학의 전성시대를 맞고 있었기 때문에 梅와 같은 프랑스 법파는 그 활동의 장을 떠나 한국에서 활동하게 된 것도 주목할 대목이 아닐 수 없다. 岡孝, "明治民法과 梅謙次郎"(1991.3), 22頁.

3. 「韓國不動産에 관한 調査記錄」[37) 등에 의한 慣習法의 內容

(1) 「韓國不動産에 관한 調査記錄」에 의한 慣習法의 內容[38)

부동산법조사회는 위와 같은 조사사항에 의하여 우리나라의 부동산에 관한 관습조사를 실시하여 그 결과를 간행하였다. 그 개요를 요약하면 다음과 같다.

먼저 토지의 권리에 대한 관습내용을 보면, 경성 이사청의 三浦彌五郞 이사관은, "토지는 거주에 따라서 다섯 종으로 구별되며, 첫째는 각국 거류지, 둘째는 전관 거류지, 셋째는 잡거지, 넷째는 거류지 또는 잡거지 밖 1리 이내의 토지, 다섯째는 일반지가 된다."[39)고 하면서, 개인의 토지소유권은 일반으로 인정되며 납세의 사실에 의하여 확보된다고 하였다. 그러나 그와 같은 토지소유권을 인정한 연대는 분명하지 않다고 하였다. 또한 토지를 저당하는 것으로 '전당'이라는 말을 쓰고, '문기' 또는 '지계'를 작성하는 것이 보통이며, 토지의 질입은 인정하지 않는다고 하였다.[40)

개성부에서의 질의응답을 보면, 梅 회장은, "토지에 대해서는 소유권을 비롯하여 지상권, 영소작권 등 여러 가지 권리가 있어서 각 나라가 거의 모두 유사한 것이 보통이지만 한국에서도 이들의 권

---

37) 부동산법조사회, 「韓國不動産ニ關スル調査記錄」(1906.8).

38) 이에 관한 상세한 분석은 윤대성, 「한국민사법제사연구: 일제의 한국관습법조사사업과 민사관습법」, (창원: 창원대학교출판부, 1997.12), 41~76면.

39) 부동산법조사회, 앞의 책, 5頁.

40) 위의 책, 5~9頁.

리를 인정하는지, 만약 인정한다면 그 내용은 어떠한지, 이것이 본 항의 문제로서 너무 광범함으로 다시 항목을 10개로 세분하여 조사하게 된 것이다."[41]고 설명을 하고서 질문을 하였다.

이에 대하여 韓永源 부윤은, 토지소유권은 고래의 관습에 따라서 스스로 인정된 것 같고, 어느 토지가 자기의 소유라는 생각이 충분하게 개인 사이에 있다고 하였다. 또한 '전당'으로 토지를 수당하고 문기를 받고서 돈을 빌리는 것이 있고, 만약 기한에 이르러 돈을 갚지 않는 때에는 수당된 토지는 대주에게 취득되는 것이라고 하면서, 진려관(민역소)의 보고에 따르면 부윤으로부터 '지계' 또는 '가계'를 발행한 것이 있고, 인삼밭에 대하여도 지계를 발행하고 이를 표징이라 불러 저당을 잡을 수 있다고 하였다.[42]

평양 관찰부의 李容善 관찰사와 李重玉 군수는, 개인의 토지소유권은 개벽 이래 인정되었으며, 정부는 시가의 보상을 하여 주고 개인의 토지를 징수할 수 있고, 경계선에 접하여 건물을 지을 때에는 인접지에 빗물이 떨어지는 것을 피하기 위하여 서로 지척(＝토지측량의 척도)으로 3척의 공지가 있도록 하며, 경계선의 담장을 설치할 때에는 상린자가 각기 그 비용을 분담하는 것이고, 차지권 가운데 소작이 있고 평안도에서는 전답의 수확을 지주와 소작인이 별도로 취득하기도 하고 서로 절반으로 하기도 하고 지주 3분 소작인 7분으로 하기도 한다고 하였다. 따라서 절반으로 하는 경우에는 지주가 납세의무를 부담하고, 3분, 7분의 경우에는 소작인이 이를 부담한다고 하였다. 그리고 질권, 저당권도 인정되며, 토지를 질

---

41) 위의 책, 13頁.
42) 위의 책, 13~23頁.

입하거나 저당에 제공한 자는 기한에 이르러 돈을 갚을 수 없을 때에는 그 토지는 돈의 대주에게 취득되고, 이 경우에 권리이전에 관한 서류를 만들어야 한다고 하였다.[43)]

수원 관찰부의 李完鎔 군수는, 역사에 비춰 보면 옛날에는 개인의 토지소유권을 인정하지 않아서 토지는 전부 국가의 소유였지만 점차 각인이 소유하여 매매 또는 대차 등을 하기에 이르렀다고 여긴다고 하면서, 정부가 필요한 때에는 언제든지 개인의 토지를 징수할 수 있고 이에 대하여 시가를 보상하며 시가의 결정은 '거간'이라는 자가 이를 결정한다고 하였다. 또한 경작을 위하여 토지를 차용하는 것에는 세 가지가 있으며, 첫째는 지주와 소작인이 수확을 절반 하여 지주가 조세를 부담하는 것과 둘째는 소작인이 수확의 전부를 취득하고 지주에게 도세(미리 그 액을 정하고 수확의 다소에 따라서 변경하는 것)를 납부하는 것과 셋째는 경작의 연한을 정하고 그 연한 내에 정황의 흉풍에 불구하고 반드시 소작료를 지급하는 것이라고 하였다.

그리고 '전당'이라는 것이 있어서 문권을 넘겨주고 돈을 차용하는 관습이 있을 뿐이고, 경우에 따라서 보증을 세우기도 한다고 하였다.[44)] 대구 관찰부의 朴重陽 군수는, 토지소유권은 개벽 이래 존재하는 것으로 생각한다고 하면서, 그 토지의 부담은 '결세'이며 결수를 정하는 것은 면적 1만 척을 1결로 하고 1백 부의 수확을 하는 것을 1등지로 하며, 2등은 85부, 3등은 70부, 이렇게 15부씩 체감하여 6등까지 이른다는 것이다.[45)] 부산 이사청의 有吉明 이사

---

43) 위의 책, 24~30頁.
44) 위의 책, 37~46頁.

관은, 토지소유권은 일찍부터 인정되었고 '문기'라는 것도 이미 이전부터 있었으며, 조세부담에 대하여 일본인과 한인 사이에 경중의 차가 있어서 일본인 가운데 불복하는 자가 많아서 속히 개정을 요한다고 하였으며, 지방세로서 '호포전'이 일본의 호수할과 같아서 가옥의 양부에 따라서 그 액에 차등이 있다고 하였다.

또한 궁 내부의 소유인 절영도에서 공지를 개간한 때에는 5년 동안 소유권을 취득하고 조세를 납부하기에 이른다고 하였고, 제주도 부근에는 '어업입회'의 사례가 있다고 하였다.[46] 마산 이사청의 三增久米吉 이사관은, 토지소유권이 명백히 인정된 최초는 각 지방의 결수와 인구의 정도를 계산하여 각 호에 분여된 것 같다고 하면서, 지금은 면장 또는 도수가 조세를 받아서 군수에게 납부하는 관습이 있으며, 1결에 전은 1관문, 답은 4관문이라고 하며, 지방세로는 '호세'가 있다고 하였다. 또한 차지권으로는 오직 '작인'이라는 것이 있고 소작료는 절반으로 한다고 하였다. 산림이나 원야는 모두 관유지로 '입회'하고, 토지를 질입하지 않으며 토지를 저당하는 경우에는 '양안'을 바꾸는 문기를 작성하여야 하고 이 문기를 넘겨줘야 한다고 하였다.[47]

다음으로 제2항 내지 제10항의 조사사항에 대한 관습내용을 발췌하여 보면, 토지대장으로 '양안제도'가 있다는 것과 '지권'과 '가권'을 행하고 있으며, 토지의 측량은 '양척'이라는 나무로 만든 자를 사용하고 있다는 것이다. 또한 토지의 종목은 수전, 전, 화전(산

---

45) 위의 책, 52~59頁.
46) 위의 책, 62~69頁.
47) 위의 책, 72~83頁.

꼭대기에 있음), 가대, 평(원야) 또는 야, 초장(풀이 자연히 생육하는 곳), 노전, 염전 등으로 나누고, 민유지와 관유지의 구별이 인정되고 있다는 것이었다.[48]

(2) 「韓國不動産에 관한 慣例」 제1철,[49] 제2철[50]에 의한 慣習法의 內容

부동산법조사회 보좌관 川崎萬歲가 1906년에 회장 梅가 시도하였던 조사를 따라서 우리나라의 토지, 건물에 관한 관례를 조사하여 기록한 것이 제1철이다.

그 내용은 부동산법조사회가 만든 조사사항과 동일하며, 조사사항에 이어서 응답을 상세히 기록한 것으로 그 조사방법은 각 부윤, 군수, 군주사, 면장, 서기 등의 응답을 모두 기록하는 방법에 의하였다.[51] 또한 제1철의 속편으로 부동산법조사회 촉탁 平木勘太郎이 제1철과 같은 방법으로 질의응답에 의하여 조사하여 기록한 것이 제2철이다. 그 내용은 응답자를 각 군수, 군주사, 세무주사, 은행 취체역 등으로 하여 세무관계자와 금융관계자의 응답을 조사한 것이 특색이다.[52]

---

48) 위의 책, 20頁 이하, 30頁 이하, 47頁 이하, 59頁 이하, 83頁 이하.

49) 부동산법조사회, 「韓國不動産ニ關スル慣例第一級」(1907.3).

50) 부동산법조사회, 「韓國不動産ニ關スル慣例第二級」(1907.6).

51) 이 조사대상의 지역은 충청남도 12군, 황해도 3군, 평안남도 1부 7군 1방으로 하였고, 국판 76면으로 1907년 4월에 부동산법조사회에서 출간하였다. 조선총독부 중추원, 「朝鮮舊慣制度調査事業槪要」(1938), 9頁.

52) 이 조사대상의 지역은 황해도 12군으로 하였고, 국판 144면으로 1907년 6월에 부동산법조사회에 의하여 출간되었다. 위의 책, 10頁.

(3) 「韓國에 있어서 土地에 관한 權利一斑」[53)]에
의한 慣習法의 內容

이 보고서는 부동산법조사회 보좌관 中山成太郎이 남한지방을 출장하여 조사한 것을 보고한 것으로 국판 총 83면으로 1907년 6월에 부동산법조사회에서 출간하였다.

이 보고서의 내용을 목차에 따라서 살펴보면 다음과 같다.

第一章 韓國人ノ權利觀念 // 第二章 土地 / 一, 土地ノ意義 / 二, 一筆ノ觀念 / 三, 集合地ノ觀念 / 四, 土地ノ定着物ノ觀念 / 五, 土地面積ノ表示 / 六, 土地ノ種目 // 第三章 土地ニ關スル權利 // 第四章 土地所有權 / 第一節 總說 / 第二節 土地所有權ノ限界 / 甲, 當然ノ限界 / 乙, 公法上ノ限界 / 丙, 相隣者間ノ制限 / 一, 權利ノ濫用ヲ許ラザツコト / 二, 境界ノ近接ニ於ケル隣地間ノ制限 / 三, 流水ニ關スル制限 / 四, 隣地ノ通行ニ關スル制限 / 第三節 土地所有權ノ取得及喪失 / 第一, 所有權ノ取得 / 甲, 土地所有權ノ原始的取得方法 / 一, 起耕 / 二, 時效 / 三, 添付 / 乙, 土地所有權ノ繼承ノ取得於方法 / 一, 讓渡 / 二, 相續 / 第二, 所有權ノ喪失 / 一, 目的物ノ喪失 / 二, 抛棄 // 第五章 土地用益權 / 第一節 地上權 / 第二節 地役權 / 第三節 債權ノ借地權 / 第一, 賭地 / 第二, 倂作 // 第六章 土地ニ關スル擔保權 / 第一節 典當 / 第一, 抵當 / 第二, 不動産質 // 第七章 文記 / 一, 賣買ノ文記 / 二, 典當ノ文記 / (一)抵當ノ文記 / (二) 流質契約附帶抵當ノ文記 / (三)不動産質ノ文記 / 三, 權買ノ文記 / 四, 賭地又ハ倂作ノ文記 / 五, 貫家ノ文記[54)]

(4) 「韓國土地所有權의 沿革을 論함」[55)]에 의한 慣習法의 內容

이 책은 부동산법조사회 촉탁 平木勘太郎이 집무의 여가를 이용하여 연구한 논문으로서 부동산법 조사에 참고로 하기 위하여 국판 총 67면으로 1907년경에 부동산법조사회에서 출간하였다.

---

53) 부동산법조사회, 「韓國ニ於ケル土地ニ關スル權利一斑」(1907.6).

54) 위의 책, 목차, 1~4頁.

55) 부동산법조사회, 「韓國土地所有權ノ沿革ヲ論ス」(1907경).

이 책의 내용을 목차에 따라서 살펴보면 다음과 같다.

4. 梅謙次郎의 民法學과 韓國民法典의 編纂

梅는 위와 같은 부동산에 관한 관습조사를 10여 일의 짧은 기간에 질문조사에 의하여 질문자와 응답자 사이에 용어법의 불일치로 통역이나 보충설명에 의하여 이뤄진 불충분한 결과를 바탕으로 민사법의 입법에 착수하였다. 그 첫 번째의 입법이 「土地建物ノ賣渡, 交換, 讓與, 典當ニ關スル件」이었다. 이 법률은 1906년 10월에 제정되었지만, 한국정부 법부대신의 원안인 「不動産所關法」에 대하여 梅가 제출한 수정안이었다. 여기에서 원안은 등기를 하지 않으면 계약이 무효로 되는 것이었지만, 수정안은 이를 대항요건으로한 것이다.[57] 그러나 이 법률의 시행을 둘러싸고 우리나라에서는 많은 반대가 있었음을 주목하여야 한다.[58] 그 후에 「土地家屋證明規則」이 1906년 10월 26일에 제정되고, 「土地家屋典當執行規則」이 같은 해 12월 26일에 제정되었다. 한편 부동산법조사회를 이어

---

56) 위의 책, 목차, 1~2頁.

57) 이 협의회는 1906년 8월 15일 통감 관사에서 열렸으며, 양안에 대하여는 "韓國施政改善ニ關スル協議會 第10回", 神川彦松/金正明 編, 「日韓外交資料集成第六卷(上)」 (1964), 342頁 이하 참조; 岡孝, "明治民法と梅謙次郎"(1991.3), 22~23頁.

58) 윤대성, 「한국민사법제사연구」(1997.12), 78면 이하.

법전조사국이 설치되어서 「土地家屋所有權證明規則」이 1908년 7월 16일에 제정되고, 「土地家屋所有權證明規則施行細則」이 같은 해 7월 25일에 제정되었다.[59]

이와 같은 梅의 입법활동을 통하여 그의 민법학을 살펴보면, 먼저 부동산의 공시방법으로 등기제도를 도입하여 등기를 물권변동의 대항요건으로 하고, 다음으로 유질계약의 유효성을 인정한 것은 자신이 일본에서 명치민법의 제정과정에 참여한 입장을 그대로 실현한 것으로 보인다.[60] 그러나 梅는 이자제한법의 폐지를 주장한 입장[61]임에도 불구하고 「利息規則」을 한국에서 제정한 아이러니도 있다. 한편 梅는 만년에 한국에서의 민법전편찬은 지금까지의 지론이었던 민상법통일법전을 생각하였다.[62]

제3절 民法學의 展開(1): 法學協會에 의한 民法學

1. 法學協會의 활동

우리나라에서 근대 민법학을 이루고 발전시킴에 기여한 한국 법률가의 학회로서 <법학협회>를 들지 않을 수 없다. 이 법학협회는

---

59) 이상과 같은 梅의 입법활동은 결국 한국에서 시급한 일본인의 토지소유를 중심으로 한 경제적 진출을 보장하고 용이하게 하기 위한 것이었다는 것을 알 수 있다. 윤대성, 「한국민사법제사연구」(1997), 94면 이하 참조.

60) 岡孝, "明治民法と梅謙次郎"(1991.3), 22頁, 25頁 이하.

61) 岡孝, "明治民法と梅謙次郎"(1991.3), 26頁.

62) 梅謙次郎, "韓國の法律制度に就で(下)", 「東京經濟雜誌」 제1514호(1909), 796頁; 동, "韓國の合邦論と立法事業", 「國際法雜誌」 제8권 제9호(1910), 740頁 참조.

1908년(융희 2년) 3월 15일에 창립되어 1916년까지 존속한 한국인 법률가의 학회라는 점이 중요하다.[63] 이 협회는 20세기의 세계를 지식경쟁의 시대로 보고 지난날의 열세를 버리고 새로운 세상의 문명을 받아들여야 한다는 큰 목적[64]에서 출발하였다. 또한 법학은 새로운 학문이고 실학이며 20세기에 적응하는 학문이라고 하였다.[65]

이 협회의 창립총회는 1908년(융희 2년) 3월 15일 오후 1시에 양정의숙에서 열렸다. 이날 발기인 張燾의 설립취지 설명이 있고, 임시회장으로 張憲植을 천거하여 정하고, 李基燦이 본 회의 취지서를 낭독한 뒤에 발기인이 기초한 규칙을 朱定均이 낭독하고 심의하여 확정하였다. 이에 따라서 회장 및 평의원을 투표로 선거함으로써 이 협회가 구성되었다. 이 협회의 창립 시의 임원과 회원을 보면, 회장에 張憲植, 평의원에 張燾, 石鎭衡, 李冕宇, 劉文煥, 兪承兼, 朴晩緖, 趙聲九, 柳東作, 申佑善, 張憲植이었고, 간사에 李元植, 서기에 李漢吉이었으며, 편술원에 張燾, 石鎭衡, 朱定均, 趙聲九, 卞榮晩이었다. 그리고 회원은 洪在祺 등 111명이었다.[66] 이 협회의 회원

---

63) 崔鍾庫, 「韓國法學史」(1990), 391면; 동, 舊韓末 및 日帝下 <法學協會>의 活動, 「愛山學報」, 제2집(1982), 113~150면 참조.

64) "二十世紀의世界는智力競爭의一大劇場이라東西가大通에黃白이相混ᄒ고轟樂이造作에萬舞가方張ᄒ야風雲이日로變幻ᄒ고文運이日로發展ᄒᄂ니此時를當ᄒ야吾人의義務가엇지重大치아니ᄒ리오舊日의劣態를一齊割斷ᄒ고新世의文名을蹈舞歡迎ᄒ야自由康樂의大道에蕩浴홈은吾輩今日의盻望不己ᄒᄂ唯一大目的이될지로다." 창립취지문, 「법학협회잡지」 창간호(1908(융희 2년).11.) 참조.

65) "新科學이我國에輸入된지其日이尙淺ᄒ야아주幼稚혼狀態를未免이나前途의有望홈이ᄉ도한此에正在ᄒᄂ니此時를及ᄒ야는를振興ᄒᄂ方策을不講ᄒ면其結果의不幸홈이莫甚홀지라. 吾等이是를慮ᄒ며는를懼ᄒ야玆에一會를發起組織ᄒ고法學協會라命名ᄒ야…政治,經濟,法律은新學이오實學이오二十世紀에適應혼學이라.…法律을討究ᄒ야法律的思想이發揮되면,治國의策術과生活의法則과權義의界限이自然其中에存在홀지니國家에富强과社會의繁榮과個人의康寧이모다此에基礎혼다斷言홀지라." 창립발기문, 위의 책(1908) 참조.

66) 이것은 창립총회 진행에 관한 기사로 「법학협회잡지」 창간호에 게재된 내용이다. 그러

94

가운데 몇 사람은 이미 대한제국기의 민법학에서 민법교과서를 저술한 사람도 포함되었음을 알 수 있다. 특히 이와 같은 협회를 구성할 수 있는 법률가가 당시에 있었다는 것은 우리나라의 근대 법학의 발전뿐만 아니라 민법학의 발전에 있어서 커다란 의미를 주는 것으로 본다. 그럼에도 불구하고 아직 이에 관한 연구가 진전을 보지 못한 채 역사 속에 묻히는 것은 매우 애석한 일이 아닐 수 없다.

이 협회는 창립한 뒤에 협회지로 「法學協會雜誌」를 발간하였고, 창립한 뒤 5개월 동안에 10차례의 평의원회와 여러 차례의 토론회, 임시총회와 정기총회를 가졌다는 것은 그만큼 눈부신 활동이 있었음을 알 수 있다. 특히 제1회 임시총회(1908.4.26.)에서 민상사법에 관한 관습조사를 위한 위원 20인을 선거하기로 동의가 있어 논의가 있은 뒤에 민상법에 관한 관습조사위원회를 조직하기로 한 것은 매우 중요한 사실이 아닐 수 없다.[67] 왜냐하면 1906년에 부동산법조사회에 의하여 우리나라에서 부동산에 관한 관습조사가 실시되었기 때문이다. 그러나 이와 같은 논의가 있었음에도 불구하고 법학협회에 의한 민상사법에 관한 관습조사의 결과를 발견할 수 없다.

그러나 1910년 한일합방이 된 이후에 활동을 일시 중단하다가 1915년 5월 10일 임시총회를 개최하고 다시 활동을 시작하기로 결

나 이에 대한 연구는 최종고 교수에 의하여 시도된 이후에 아직 진전이 없는 상태이다. 그 이유는 자료의 수집에 어려움이 있기 때문이라고 본다. 崔鍾庫, "開化期의 韓國法文化", 「韓國學報」, 제24집(1981); 동, "舊韓末 및 日帝下 <法學協會>의 活動"(1982); 동, 「韓國法學史」(1990), 394~396면.

67) "俞承兼氏가民商法에關ᄒ慣習調査委員二十人을選擧ᄒ기로動議ᄒ니崔鎭氏再請으로會長이會中에意見을問ᄒ니, 朴晩緖氏가評議員會에委任ᄒ기로改議ᄒ고, 趙聲九氏가再請ᄒᆷᄋ｜ 會長이會中에意見을問ᄒ니, 李冕宇氏가民商法에關ᄒ慣習調査會를組織ᄒ기로再改議ᄒ고, 郭漢英氏가再請ᄒ니會長이會中에可否를問ᄒ야可決ᄒ다." 法學協會, 會議錄, 「法學協會雜誌」, 제1호(1908), 82면.

의하였다. 이에 따라서 같은 달 25일에 학회지를 「法學界」로 이름을 바꿔서 제1호를 발간하게 되었다. 이때에 새롭게 구성된 임원과 회원을 보면, 회장에 崔鎭, 평의원에 金瓚泳, 劉文煥, 李基燦, 李琮夏, 李源圭, 朴晩緖, 朴勝彬, 尹益善, 鄭求昌, 趙聲九, 간사에 姜洛周, 姜重遠, 편집원에 姜筌, 高元勳, 李恩雨, 그리고 회원에 姜景欽 등 232인이었다.[68] 이와 같이 회원이 어떻게 배가되었음인지 알 수 없는 일이다. 어찌하였든지 이것은 법학회의 새로운 변화를 의미하는 것이 아닐 수 없다. 그리고 학회지의 이름을 변경한 것은 한일합병 이후에 일제가 사용하는 「法學協會雜誌」와 동일하였기 때문이 아닌가 생각된다. 왜냐하면 뒤에서 보는 바와 같이 일본인 梅謙次郎의 논문이 게재된 법학협회잡지가 1909년도에 그 권호수가 27권 5호에 이르고, 일본인 淺見倫太郎의 논문이 게재된 것은 1921년도에 39권 8호인 것을 보아서 이와 같은 추정은 가능한 것으로 보인다. 이와 같은 사실에서 한일합병 이후에 법학협회는 한국인 법률가에 의한 것과 일본인 법률가에 의한 것이 공존하였다고 보아야 한다.

2. 法學協會의 民法學

(1) 法源에 관하여

당시 우리나라 법률가에 의한 논의는 없고, 다만 일본인 법률가인 淺見倫太郎의 "朝鮮法系ノ歷史的硏究"[69]가 있다.

---

68) 崔鍾庫, 「韓國法學史」(1990), 431면; 「法學界」 제1호(1915), 54~59면 참조.

먼저 한일합방이 되어서 당시의 입법인 제령으로 대한제국이 양여에 의하여 소멸되었음에도 조선민사령 등의 입법이 이뤄짐으로써 독립한 법계로 존속하게 되었다고 하면서, 그 법령을 총독부 제령으로 존속시킴으로써 2개의 법계로 나뉘어 서로 적용하기 위하여 제정된 공통법이라면 그것이 잘된 일인지 아닌지를 묻고 있다.70) 특히 制令에 의하여 조선에서 그 효력을 잃은 한국법령이나 1910(명치 43년)년 4월 1일부터 시행된 조선민사령이라는 의용법에 이른바 관습을 의용하는 뜻에 조선에서 내려온 六典, 受敎定式이나 韓國國制 내지 광무 9년의 刑法大全과 같은 것을 포함하는지 등에 대하여 밝혀야 한다고 하였다.71)

다음으로 특히 「慣習調査報告書」 제22항 문답을 중심으로 토지소유권에 대하여 논의를 하고 있다. 즉 조선에는 소유권이라는 말이 있지 않더라도 토지의 소유는 모두 인정되었다는 것은 역사상의 사실에 반할 뿐만 아니라 잘못된 결단에 속한다고 하면서 모든 토지의 소유권에 있어서 그렇다고 하였다.72) 이와 같은 잘못된 결단은 보고서에 그치지 않고 총독부 훈령 제4호(명치 45년, 1912)인 '森林山野及未墾地國有私有區別標準'에서도 마찬가지라고 하였다. 즉 행정관이 국유로 인정한 이외의 조선의 모든 토지를 사유로 방임하여 실제로 양반의 사유로 인정함으로써 이를 지주로 인정하여 옛 관리와 옛 경노(耕奴)와 같은 사회조직이 있게 되어, 대부분

69) 淺見倫太郎, "朝鮮法系ノ歷史的硏究", 「法學協會雜誌」(이하 「法協」이라 한다) 제39 권제8호(1921), 26~67頁.

70) 위의 논문, 29~30頁.

71) 위의 논문, 30~31頁.

72) 위의 논문, 35頁.

의 농민이나 비농민은 경지의 영작권(확실히 이와 같은 권리제도가 있지도 않지만)을 취득하고자 하려면, 계약 또는 계약 없이 소작인으로 돌아갔을 뿐 아무런 물권적 경작권을 취득하지 못하였음을 우려하였다.[73] 왜냐하면 토지의 사유에 관한 물권적 관념은 로마법에서 연유하여 근대 여러 국가에서 행하여지는 것이지만, 중국 본토에서 북으로 만주, 몽고, 남으로 베트남 지방에 이르는 한문화권의 지방은 토지의 사유제도가 있는 것이 아니라 특별한 제도가 있었던 것이 아닐 수 없다고 한다. 일본, 대만 등에서 토지사유의 현상은 특수한 현상으로서 관권이 공인 또는 大租權의 매수에 의하여 지금에 이른 것이라면 연혁이나 법리에 주의하여야 할 것은 쉽게 이해될 것이 아닌가를 묻고서, 조선에는 소유권에 상당하는 말이 없음에도 토지소유의 관습이 있다고 말하는 것은 근거가 없는 사실을 말한 것에 지나지 않는다고 하였다.[74] 더욱이 그는 우리나라에 唐의 제도인 租庸調가 오랫동안 행하여졌기 때문에 그것이 완전하지 못하였다거나 당의 제도와 다른 노비제도가 행하여졌기 때문에 연구에 있어서 어려움이 있음을 들고 있다. 또한 조선의 史記와 함께 實錄에서 토지의 사유를 공적으로 인정하였거나 허가한 것을 보지 못하였음을 들고 있다.[75] 요컨대 淺見倫太郎은 우리나라에서 토지사유제는 없었고 결국 토지사유권의 사정확정을 함으로써 농민이 소유권을 부여받은 것이 아니라 수조권을 사점한 양반계급이 소유권자로 되기에 이르렀다는 것이다.[76]

---

73) 위의 논문, 35~36頁.

74) 위의 논문, 36頁.

75) 위의 논문, 51頁.

76) 위의 논문, 39頁. 이와 함께 和田一郞의 논문인 驛屯土의 研究에 있어서 각종의 地目

끝으로 이와 같은 法系는 쉽게 설명될 수 없는 것으로 합방 이전의 조선은 분명 일본의 정체와 달랐던 결과에서 비롯된 것으로 생각하였다. 즉 일본은 입헌정체에 의하여 성문법을 가진 상태였으나 과거의 조선은 광무 원년의 國制 奏本이 있었지만 소위 紙上憲法에 속하는 것으로 사람들은 그 존재를 알지 못하고 六典五禮儀와 마찬가지였다고 보았기 때문에 모든 성문의 訓條는 법률로 되는 근원이더라도 바로 관습은 아니었으며 법률의 성질을 갖는 것도 아니었다는 것이다.77)

(2) 民法總則에 관하여

민법총칙에 있어서 논의된 주제를 보면, 우리나라 법률가와 일본 법률가의 주요한 주제로서 권리의 주체에 관한 것이라 하겠다. 먼저 권리의 주체 일반에 관하여, 金奎炳은 "法律上所謂人이라稱홈은如何흔意義가有흔가"78)를 논하고, 李弼殷은 "能力"79)에 대하여 논하였다. 다음으로 특히 法人에 관하여는 安鍾五가 "法人의 立法主義"80)를 논하고, 梅謙次郎이 "法人ニ關スル韓國慣習法一斑"81)을 논의하였다. 그 밖의 민법총칙에 관한 논의에는 朴理根의 "動産

을 열기하면서 어느 田土는 국유이고 사유라고 하여 대부분의 조선관리가 官宅에 급여한 상태를 말하면서도 어느 사람의 소유에 속한다는 문제를 다루지 않았음을 지적하고, 따라서 어느 제도가 유명무실하게 되어서 바로 새로운 제도를 구성한 것이 아니라 새로운 제도를 구성하기 위하여 구관습조사가 필요하였다는 사실을 간과하였다고 지적하였다.

77) 위의 논문, 61~62頁.

78) 金奎炳, "法律上所謂人이라稱홈은如何흔意義가有흔가", 「法協」 제1권제2호(1908.12).

79) 李弼殷, "能力", 「法協」 제1권제2호(1908.12).

80) 安鍾五, "法人의 立法主義", 「法協」 제1권제1호(1908.11).

81) 梅謙次郎, "法人ニ關スル韓國慣習法一斑", 「法協」 제27권제5호(1909), 714~719頁.

不動産의 區別",82) 李景俊의 "法律行爲와 意思表示의 關係",83) 崔東曦의 "果實에 對훈 法律上 意義",84) 姜洛周의 "立木은 動産인가 不動産인가"85) 등이 있음을 볼 수 있다.

이 가운데 梅謙次郎은 그의 논문 "法人 ニ 關 ス ル 韓國慣習法 一斑"86)에 의하여 우리나라의 법인에 관한 관습법에 대하여 논하고 있다.

그 하나는 鄕校였다. 이것은 하나의 공자묘로 칭하고, 의주부 소동문 밖 언덕에 세웠으며, 유생의 협력과 인민의 기부에 의하여 성립된 것으로 孔孟 및 그 제자들의 영령을 제사하고 유교를 전하는 것을 그 목적으로 하고 있었다.87) 특히 재산은 인민의 기부에 따른 畑地가 있어서 量案(토지대장의 류) 가운데 기재함으로써 이로써 향교의 기본재산으로 하고, 그 수확은 제례의 비용, 역원의 보수 등에 충당하고 있지만(평년 소작인으로부터 米 700斗를 받는 것이 예이고, 淸貨 700圓에 상당하다고 말함) 원본은 임원의 일치가 있더라도 이를 소비하지 않았다고 한다.88) 오직 存地를 매도하여 肥土를 매수하는 것 같은 것은 허용됨으로써 양도의 경우에는 文記

---

82) 朴理根, "動産不動産의 區別", 「法學界」 제4호(1916.2).

83) 李景俊, "法律行爲와 意思表示의 關係", 「法學界」 제6호(1916.6).

84) 崔東曦, "果實에 對훈 法律上 意義", 「法學界」 제1호(1915.10).

85) 姜洛周, "立木은 動産인가 不動産인가", 「法學界」 제1호(1915.10).

86) 梅謙次郎, 앞의 논문, 714頁. 이 논문은 본인이 우리나라의 관습법을 조사하면서 義州에 파견된 직원으로부터 法人에 관한 관습의 보고를 받았다면서, 적어도 이 지방에 법인의 관념이 의외로 잘 발달하고 있음을 보았다고 하였다. 義州는 중국의 영향을 받았고 남한지방에 비하여 같이 다룰 수 없다면서, 義州府 내에 財團法人의 형식을 갖춘 것이 5종이 있다면서, 그것들은 거의 기본재산을 갖고 독립한 인격을 인정하고 있는 것과 같이 보였다고 하였다.

87) 위의 논문, 714~715頁.

88) 위의 논문, 716頁.

(양도증서)의 명의인은 훈장으로서 재단을 대표하고 있었다.[89] 그러나 지금은 직원을 두고 그 재산을 사립학교로 이속시켰다. 향교 직원과 사립학교 교장의 명의로 증명을 받음에 따라서 향교의 재단이 사립학교로 이전되고, 향교질목이라는 장부에 재산 등의 목록을 기재하고 그 이동을 기재하고 있다는 것이다.[90]

그 둘은 學塾이다. 이는 里民이 學契라는 단체를 만들어 각 리 또는 동에 설립한 것으로 아동을 교육함을 목적으로 하고 있다.[91] 이에 소속하는 畑地는 學契田이라 하고 학숙의 기본재산이 되며, 때로는 이를 매도하여 學契錢으로 하여 식리를 도모하였다. 契田의 수확, 契錢의 이자는 학숙의 비용에 충당하고 그 원본은 소비하지 않았다. 학숙에는 堂主(오늘날 校長을 말함)라는 사람이 있어서 계전의 매매, 계전의 대부 등에 있어서 학계의 명의인이 되어 학숙인 재단을 대표하였다.[92] 광무 10년부터 의주부 18개면에 새로이 학교를 설립하고 학계전을 그 소속으로 이전하였다고 한다.[93]

그 셋은 射亭이었다. 이는 의주읍에 동서 2개소에 있어서, 무인의 과거에 급제한 武家의 자제가 출연함으로써 성립된 것으로, 동쪽을 연무당, 서쪽을 백일원이라 부르며, 무술의 강습을 그 목적으로 하고 있다.[94] 堂長 또는 院長 외에 有司를 두고 사무를 관장하고 있다.[95] 중요한 사항은 射員의 다수결로 이를 정하고 있으며,

---

89) 위의 논문, 716頁.
90) 위의 논문, 716頁.
91) 위의 논문, 717頁.
92) 위의 논문, 717頁.
93) 위의 논문, 717頁.
94) 위의 논문, 717頁.
95) 위의 논문, 717頁.

연무당에 2일경(日耕이라 함은 소 한 마리가 1일을 경작할 수 있는 면적을 말함), 백일원에 3일경의 소속 畑地가 있고 이 전지 기물은 사원의 일치가 있더라도 소비할 수 없다.[96] 지금 연무당의 건물은 이미 낡아 없어지고 소속 전지는 근년에 유생의 소관으로 속하였다가 신설된 사립학교로 이속되었으며, 백일원의 건물은 보통학교(소학교)의 직원실로 쓰이고 소속 전지는 일본 수비대의 연병장이 되었다고 한다.[97]

그 넷은 里社이다. 이는 神堂이라고 부르고, 각 리 또는 동 내에 설치한 것이 많지만, 의주 읍내에서는 격식이 특히 높은 都城隍壇이라 부르고 있다. 촌민의 출연으로 성립한 작은 집으로써 농작을 기원하고, 재액의 면제를 기원함을 그 목적으로 하고, 매년 춘하추동 4계절에 제사를 지내고 있다.[98] 대개 2, 30원의 기본재산을 갖고 있으며 이를 里社錢이라 부르고, 촌민의 일치가 있더라도 소비할 수 없다.[99] 사무는 尊位(오늘날 洞長)가 처리하고 있다.[100] 그러나 2, 3년 전에 이를 폐하여 里社錢은 예수교학교 기타 신설학교에 이속되었다고 한다.[101]

그 다섯은 寺院이다. 이는 의주부 내에 6개소가 있고, 金剛寺라는 것이 가장 커서 승려 56인을 헤아리며, 그 밖에는 1인의 승려가 상주하며 사무를 관리하고 있고, 관리자는 房主라고 부른다.[102] 사

---

96) 위의 논문, 717~718頁.
97) 위의 논문, 718頁.
98) 위의 논문, 718頁.
99) 위의 논문, 718頁.
100) 위의 논문, 718頁.
101) 위의 논문, 718頁.
102) 위의 논문, 719頁.

원은 불교를 전하는 것을 그 목적으로 한다.[103] 인민의 출연으로 건립되며, 대개 약간의 전지를 소유하고 있다. 이를 佛科田이라 부른다. 그 수확은 승려의 생활비 등에 충당하고 있지만 전지 기물은 일체 소비할 수 없다고 한다.[104]

이와 같이 우리나라에 있어서 법인으로서 재단법인의 형식을 갖춘 관습법이 있음을 밝히고 있다. 그러나 사단법인에 관하여 옛날에는 전혀 없었으나 2~3년 전에 通運株式會社 및 保産會社가 설립됨으로써 그 업을 하고 있음을 들고 있다.[105]

(3) 物權法에 관하여

물권에 있어서 논의된 주제를 살펴보면, 우리나라 법률가와 일본인 법률가는 그 관심이 공통하는 것을 볼 수 있다. 먼저 李景俊이 부동산물권의 변동과 등기에 관하여 "不動産物權의得喪・變更에 關흔登記의性質及第三者에對抗홈을不得하는意義를論홈"[106]을 논의하였고, 다음으로 유실물과 매장물에 관하여 柳晩秀는 "遺失物과埋藏物의意義"[107]를 논하고, 松井茂는 "韓國ニ於ケル遺失物取扱慣例"[108]가 논의되었다. 그리고 우리나라에서 조선민사령이 시행되기 전에 있어서 영소작권의 취득원인에 대하여 崔鎭은 "民事令

---

103) 위의 논문, 719頁.

104) 위의 논문, 719頁.

105) 위의 논문, 719頁.

106) 李景俊, "不動産物權의得喪・變更에關흔登記의性質及第三者에對抗홈을不得하는意義를論홈", 「法學界」 제3호(1915.12), 제4호(1916.2).

107) 柳晩秀, "遺失物과埋藏物의意義", 「法學界」 제2호(1915.11).

108) 松井茂, "韓國ニ於ケル遺失物取扱慣例", 「法協」 제27권제10호(1909), 440~444頁.

施行前永小作權取得原因을論홈"[109]을 논하였다. 한편 梅謙次郎은 우리나라에서의 전당에 대하여 "韓國ノ典當"[110]을 논하였다. 그 밖에 崔東曦는 "轉質의性質을論홈"[111]을 논의하였다.

이 가운데 우리나라의 유실물 취급에 관한 관례와 전당에 관한 것은 주목하지 않을 수 없다.

그 하나는 유실물에 대하여 松井 茂는 그의 논문 "韓國ニ於ケル 遺失物取扱慣例"[112]에서 우리나라의 유실물 취급에 관한 관습법을 논하고 있다.

먼저 유실물의 범위에 대하여, "한국에 있어서 법제 및 실제의 취급에서 유실물의 의의가 명료하지 않다. 형법대전을 보면 제5편 제13장 제8절 遺失物剋留律에서 유실물과 함께 매장물에 관한 규정이 있어 이에 따라 매장물도 광의의 유실물로 하는 것 같을지라도 逸走畜類 기타 일본 유실물법에 소위 유실물법을 준용할 물건에 관하여 아무런 언급이 없어서 이들의 물건은 유실물과 동일한 취급을 할 것인지 아닌지 판단할 수 없다. 법제는 위에서 말한 바와 같이 각 경찰서의 보고를 받아서 실제상의 취급을 보면 逸走畜類, 표류물 기타 치거한 물건은 유실물과 거의 동일하게 취급하는 것이 자주 있다. 그렇다면 이들 물건도 역시 광의에서 유실물로 해석하는 것 같다."[113]고 함으로써, 도망간 가축이나 표류물 등도 유

---

109) 崔鎭, "民事令施行前永小作權取得原因을論홈", 「法學界」 제1호(1915.10).

110) 梅謙次郎, "韓國ノ典當", 「法協」 제27권제10호(1909), 780~784頁.

111) 崔東曦, "轉質의性質을論홈", 「法學界」 제2호(1915.11).

112) 松井 茂, 앞의 논문, 440頁 이하. 이 논문은 한국 내부 경무국에서 일하는 岩井 법학사가 조사한 것을 경무국장인 필자가 기고한 내용으로 당시 우리나라에서 유실물에 관한 취급이 어떻게 되었는가를 알 수 있는 것이다.

113) 위의 논문, 440~441頁.

실물에 포함하는 것으로 보았다.

　다음으로 취급관서에 대하여, "현행법제에 의하면 유실물은 일단 당해관서에 수납되어 처리할 것으로 된 것 같다. 그렇지만 그 당해 관서를 어느 것으로 할 것인가는 불명하다. 유실물에 관한 유일한 법규인 형법대전의 '유실물극유률' 가운데 본관관 또는 해관관으로 기재되어 실제상 취급은 어떻게 할 것인가에 관한 각 경찰서의 보고 역시 구구하다. 혹은 군수를 당해관서로 하거나 혹은 경찰관서를 이에 해당하는 것으로 하거나 혹은 군수, 경찰관서, 면장, 이장 모두가 해당한다고 하므로, 누가 정당한 권한을 갖는가 분명치 않다. 이들 각 관서의 보고를 종합하여 생각하면 유실물취급주관관서는 어디까지나 군수이고 경찰관리 및 면장, 이장 등은 그 보조로서 습득계를 수리하는 권능을 가질지라도 그 수리 후에 유실물의 관리 기타 조치는 모두 군수가 관장하는 것 같다."[114]로 하였다.

　그리고 습득계출에 대하여, "유실물을 습득한 때는 5일 이내에 관에 송납하여야 한다는 형법대전의 규정에도 불구하고 실제로 종래 유실물을 습득계출한 것은 매우 드물다고 말한다. 한국민은 유실한 사실에 의하여 그 유실물건의 회복을 포기하는 것이 대부분이고 유실하면 소유권이 상실되는 것으로 생각하는 것 같다. 또 습득자는 그 물건을 자기 수중에 가지고 있게 되면 습득한 사실로서 권리획득의 한 방법으로 생각하는 것 같다. …유실자가 반환청구를 한 경우에는 이를 은익하거나 혹은 계출 혹은 반환하는 것이고 습득계출은 이와 같이 거의 드문 경우에 한한다."[115]고 하였다. 그러

---

114) 위의 논문, 441頁.
115) 위의 논문, 442~443頁.

므로 형법대전에 유실물에 관한 규정이 있음에도 불구하고 유실물을 습득한 경우에 거의 당해관서에 습득계출을 하는 것은 매우 드문 일이라고 한다.

끝으로 유실물의 조치에 대하여, "습득을 접수한 때는 유실자 발견의 방법으로 각소에 게시하고 법제에 따르게 되었음에도 내려온 관계에 따라서 행하고 있는 것 같다. 따라서 상당 기한 내에 반환을 청구하는 자가 있는 때에는 군수는 그가 정당한 권리자인가 아닌가를 확인한 뒤에 이를 교부한다고 말한다. 만약 물주가 판명되지 않는 때는 이를 습득자에게 전부 급부하는 것이 법규의 취지임에도 불구하고 많은 군아 또는 순권소의 공비에 조입하고 심지어는 당해 관리의 개인 주머니에 들어가는 것도 적지 않다고 말한다. 어느 지방에서는 표류물의 물주가 판명되지 않는 때에는 유실물을 국비에 편입시키는 것에 반하여 그 동의 비용에 충당하는 곳이 있다. …물주가 유실물의 반환을 청구할 수 있는 기간은 형법대전에 규정하였지만 그 의의는 밝힐 수 없다. 즉 형법대전 제30조에 있어서 '관에서 본주에게 추답하는 기한은 30일 이내로 한다.'로 된 것은 당해관서를 독려하는 것인지 혹은 물주의 권리를 제한하는 것인지 불명하다. 실제 취급을 보면 유실물은 관서에서 편의에 따라 그 기한을 정하여 표류물은 1년간으로 하여 취급하는 것 같다. 보로금급여의 제도는 없지만 실제 관서에서 물주를 설득하여 충분한 몫을 습득자에게 주도록 하고 있다고 말한다."[116]고 하였다. 유실물의 처리에 있어서 유실물의 반환이나 습득자에 대한 보상 등이 분명하지 않았음을 알 수 있다.

---

116) 위의 논문, 443－444頁.

다른 하나는 전당에 대하여 梅謙次郎은 그의 논문 "韓國 / 典當"[117]에서 우리나라의 전당에 관한 관습법을 논하고 있다.

먼저 梅는 우리나라에서는 일본과 같이 질과 저당이 구별되지 않고 모두 전당으로 칭하고 있지만, 실제 동산에 대하여 거의 질과 같아서 점유를 이전하고 부동산에 대하여는 저당과 같이 점유를 이전하지 않는 것이 많고, 동산의 전당은 일본의 동산질과 거의 차이가 없으므로 오직 부동산의 전당에 대하여만 논하고자 한다는 전제를 하고 있다. 또한 부동산에 대하여 질과 같이 점유를 이전하는 것은 드물지만 함께 모두를 하는 것은 그 성질이 일본 부동산질에 유사한 것으로써, 전당권자가 사용수익을 하는 대신에 관리비용을 부담함은 물론 이자도 청구할 수 없다. 그러므로 주로 점유를 이전하지 않는 경우에 대하여 다루고자 한다는 것이다.[118]

이와 같은 비점유 부동산전당이 일본의 저당과 유사한 것은 "전당설정자가 文記(明文 또는 手票라고 함)를 작성하여 이에 전당권을 설정함을 명기하고 구문기와 함께 전당권자에게 교부하는 데 있다."[119]고 한다. 그리고 "이와 같이 설정된 전당권은 보통 기한에 이르러 채무의 변제가 없으면 채권자를 소유자로 하는 효력을 갖는 것이고, 이로써 실제 전당에 대하여 대여한 금액은 부동산 가액의 반액에 상당한 것이 대부분이라 하므로 채무자로서는 심한 불이익을 받는다."[120]고 한다. 그 기한에 대하여, "기한은 대개 12개

---

117) 梅謙次郎, 앞의 논문, 780頁 이하. 이 논문은 梅謙次郎이 우리나라의 典當에 관습법을 일본 민법의 質과 抵當과의 비교를 통하여 動産典當은 일본의 動産質과 큰 차이가 없다면서 不動産典當의 법적 구조를 논하고 있다.

118) 위의 논문, 780頁.

119) 위의 논문, 780~781頁.

120) 위의 논문, 781頁.

월이고 길어도 34개월을 넘지 않는다."121)고 하므로, 질의 기한이 12년 또는 이보다 긴 기한으로 하는 것이 통상인 것과 매우 다르다고 하였다. 또한 이자에 대하여, "월 3분 이상을 보통으로 한다." 고 하므로, 가난한 사람은 더욱 빈곤에 빠지게 되어서 고리대 가운데 기한에 이른 채무자가 변제할 수 없으면 부동산의 소유권을 취득하게 되므로 기한 전에 몸을 숨기거나, 채무자가 변제하고자 기한 후에 나타나더라도 기한이 경과하였음을 이유로 소유권을 강탈하는 것 같은 불법이 있다고 한다.122) 이와 같은 비점유 부동산전당은 유질적 성질이 있다고 한다.123)

그리고 전당 이외에 權賣(또는 還退라고 함)라는 것이 있다고 하면서 채권담보의 효용이 있지만 일본의 매려특약부매매에 상당한 것으로 오직 담보의 목적으로서 한 것은 로마의 피두치아(Fiducia - 信託으로 번역됨)에 가까운 것이라고 할 수 있다고 한다.124)

(4) 債權法에 관하여

채권법에 있어서 논의된 주제를 살펴보면, 주로 우리나라의 법률가에 의하여 논의되었다. 즉 柳基浩의 "民法四七〇條에債務者의調査事項의解釋",125) 安泰遠의 "民法第五一三條第二項後段에對흔解釋論",126) 金炳魯의 "重複賣買와重複抵當의刑事責任",127) 南

---

121) 위의 논문, 781頁.
122) 위의 논문, 781~782頁.
123) 위의 논문, 782頁.
124) 위의 논문, 784頁.
125) 柳基浩, "民法四七〇條에債務者의調査事項의解釋", 「法學界」 제3호(1915.12).
126) 安泰遠, "民法第五一三條第二項後段에對흔解釋論", 「法學界」 제5호(1916.3).

宮營의 "契의研究"[128] 등이 있었다.

　이상과 같이 법학협회에 의한 민법학은 부동산법조사회에 이어서 한일합병이 되어 우리나라의 국권이 일본에 위양되었지만 여전히 두 개의 법계가 공존하게 됨에 따른 근대 서양민법학과의 충돌에 관한 논의가 주된 대상이었음을 알 수 있다. 따라서 일본에 의하여 도입된 서양민법학과 접촉하는 과정에서 우리나라의 민사관습법을 어떻게 서양민법학으로 구성하는가에 있었다고 볼 것이다.

제4절　民法學의　展開(2):
　　朝鮮司法協會에　의한　民法學

1. 朝鮮司法協會의 활동

　1910년 한일합방이 된 이후 일제의 식민통치가 진행되는 과정에서 일제의 무단통치에 저항하고 독립을 선언하는 3·1만세운동이 1919년 3월 1일에 일어나게 되었다. 그 이후에 일제는 문화정치를 표방하면서 우리나라의 법률가와 일본인의 법률가를 통합하는 조선사법협회를 발족하여 이를 중심으로 일본인 법률가뿐만 아니라 창씨개명한 우리나라의 법률가들이 「朝鮮司法協會雜誌」[129]에 민사법에 관한

---

127) 金炳魯, "重複賣買와重複抵當의刑事責任", 「法學界」 제2호(1915.11).

128) 南宮營, "契의研究", 「法學界」 제6호(1916.6).

129) 이하 「司協」이라 한다.

주제를 일제가 패망할 때까지 논의하게 되었다. 그러나 민사법을 논의함에 있어서 일본인 법률가나 우리나라의 법률가는 몇 사람을 제외하고 구별할 수 없는 지경에 이르게 되었다. 그것은 일제의 식민통치에 의한 내선일치에 부합하는 것으로 결국 우리나라의 고유법은 일본민법학에 의하여 이론적으로 동화되어 가고 있었다 할 것이다.

2. 朝鮮司法協會의 民法學

(1) 法源에 관하여

우리나라의 민사법의 法源에 관하여 논의된 주제를 살펴보면, 吉田平治郎의 "朝鮮に於ける慣習と民事法規の關係"[130]를 비롯하여 松寺 법무국장의 "朝鮮民事令等の改正に就て",[131] 巴也之生의 "決訟類聚 — 譯抄, 裁判官の虎の卷",[132] 笠井 법무국장의 "朝鮮小作調停令に關して",[133] "朝鮮小作爭議解決の新立法成る"[134]가 있고, 특히 당시 시행된 소작조정령에 대하여 增永正一의 "朝鮮小作調停令私論"[135]이 있으며, 소작조정령의 개정에 대한 의견으로 小野勝本太郎의 "改正朝鮮小作調停令私見"[136]이 있다. 그 밖에 "朝鮮農地令公布せらる"[137]가

130) 吉田平治郎, "朝鮮に於ける慣習と民事法規の關係", 「司協」 제2권제4호(1923), 1~28頁.

131) 松寺 法務局長, "朝鮮民事令等の改正に就て", 「司協」 제8권제5호(1929), 57~68頁.

132) 巴也之生, "決訟類聚 — 譯抄, 裁判官の虎の卷", 「司協」 제9권제3호(1930), 43~45頁.

133) 笠井 法務局長, "朝鮮小作調停令に關して", 「司協」 제12권제1호(1933), 142~144 (雜錄1~3)頁.

134) 笠井 法務局長, "朝鮮小作爭議解決の新立法成る", 「司協」 제12권제1호(1933), 144~145(雜錄3~4)頁.

135) 增永正一, "朝鮮小作調停令私論", 「司協」 제12권제3호(1933), 1~22頁; 同, "朝鮮小作調停令私論(二·完)", 「司協」 제12권제4호(1933), 18~47頁.

있었다. 이와 같이 당시 민사법의 *法源*에 대하여 조선민사령의 개정이나 조선소작조정령 등이 주요한 논의이었음을 알 수 있다.

이 가운데 吉田平治郎이 그의 논문 "朝鮮に於ける慣習と民事法規の關係"에서 우리나라의 관습법과 조선민사령에 의하여 의용된 일본민법과의 관계를 논하고 있음은 주목할 것이다.

특히 조선민사령 제12조에 규정한 관습상의 부동산물권에 대하여, 吉田은 "현재에 있어서 그것이 존재하는 것은 거의 없고 민법으로 인정한 종류에 속하는 부동산물권으로도 우리나라의 특유한 관습으로 지배되는 것이 적지 않다 하더라도 이를 카바하지 않는 것이 없다."[138]고 하면서, 본조의 폐지를 주장한다.

이와 함께 전세의 성질에 대하여, "傳貰라 함은 타인의 소유에 속하는 가옥을 점유하여 사용하는 법률관계로서, 즉 가옥소유자는 傳貰者에 대하여 가옥의 점유사용을 하도록 약속하고 전세자는 그 대가로서 가옥소유자에게 일정한 금액(통상 가옥의 가액의 반액 내외)을 기탁하여 그 소비를 허락함으로써 효력이 있다고 한다. 그러므로 가옥사용의 임금과 기탁금의 이식과는 서로 이를 청구할 수 없는 것이다. 또한 옛날에는 가옥에 대하여 가계라는 문서를 가지고서 소관 관청에 출두하여 이에 전세의 기입을 한 때에는 전세자의 권리는 제3자에게 대항할 수 있었으나 지금에는 가계제도가 폐지되어서 전세자는 새로이 가옥의 소유권을 취득한 자 기타 제3자에 대하여 자기의 권리를 대항할 수 없다는 것이다. 다만 민법상의

---

136) 小野勝本太郎, "改正朝鮮小作調停令私見", 「司協」 제15권제3호(1936), 1~37頁.

137) 雜錄, "朝鮮農地令公布せらる", 「司協」 제13권제5호(1934), 108~109(雜錄19~20)頁.

138) 吉田平治郎, 앞의 논문, 26~28頁.

임대차와 달라서 전세자는 가옥소유자의 승낙이 없이 권리를 타인에게 양도할 수 있고, 또 가옥의 소수선은 전세권자에게 이를 부담시키는 것이 통례"라고 하면서,[139] 일본민법의 부동산질과의 유사성을 지적하면서도,[140] 그 법적 구조를 임대차와 유사한 채권관계로 구성하면서 그 특별한 효력을 인정하고자 한다.[141]

이와 같이 법원에 관한 것은 조선민사령의 시행에 따른 일본민법의 의용과 더불어 예외로 인정하고 있던 우리나라의 관습법에 관한 법적 취급이 문제되었다. 한편 소작쟁의에 대한 법적 대응으로 조선소작조정령이 시행됨에 따른 그 해석론이 대부분이었다.

(2) 民法總則에 관하여

민법총칙에 있어서 당시에 논의된 주제는 주로 宗中에 관한 것이었음을 알 수 있다. 즉 野村調太郎의 "宗中に關する法律關係",[142] 中樞院 議長의 "宗中又ハ門中ニ關スル件"[143] 및 법무국장의 "宗中又ハ門中代表者ノ選任竝書院ノ人格代表ニ關スル件"[144] 등이 있다.

이 가운데 野村調太郎이 그의 논문 "宗中に關する法律關係"에서 우리나라의 종중에 관한 체계적인 논의를 한 것은 주목된다.

첫째로 종중의 성질에 있어서, 野村은 종중의 의의와 기원에 대

---

139) 위의 논문, 14~15頁.

140) 위의 논문, 15~16頁.

141) 위의 논문, 17~18頁.

142) 野村調太郎, "宗中に關する法律關係",「司協」제18권제11호(1939), 1~20頁.

143) 中樞院議長, "宗中又ハ門中ニ關スル件", <司法資料>,「司協」제19권제5호(1940), 49頁.

144) 法務局長, "宗中又ハ門中代表者ノ選任竝書院ノ人格代表ニ關スル件", (通牒),「司協」제11권제1호(1932), 11~14頁.

하여 "조선에는 남계의 혈족을 일족이라 부르고, 일족 가운데 대소의 분파가 있어 서로 단결하여 선조의 제사를 모시고 상조친목을 도모하는 습속이 있다."145)고 하면서 그 단체가 이른바 종중이라 한다. 따라서 종중이라 함은 공동선조의 제사를 계속하고 분묘의 보존, 종원 상호간의 구조친목 및 복리증진을 목적으로 하는 종족 단체라고 할 수 있다는 것이다.146) 그 기원은 삼한시대의 족제에서 비롯되었다고 한다.147) 종중의 구성에 대하여 "종은 종묘, 제사, 종통, 종법 등의 뜻이 있고, 중은 외에 대한 내의 뜻이 있으며, 합하여 종족단체를 가리키는 말이다. 그 구성은 오직 종법에 준거하는 것으로 그 내에는 대소 무수한 분파가 있어 각각 종중을 형성한다. 대종 아래에 많은 소종이 예속되고 그 소종에는 다시 많은 고조종, 증조종, 이종이 있어서 서로 대립 또는 종속의 관계에 있는 것 같다."148)고 한다. 그리고 종중의 발생 소멸 및 종중원의 변동에 대하여 먼저 종중의 발생은 "종중은 부조의 제사를 모시는 것을 주된 목적으로 하는 종족단체이기 때문에 부를 이은 종자는 형제와 소종을 이루고 종자를 중심으로 한 형제의 종중이 생기며, 종자가 사망하여 그의 자가 이은 때는 이어 조의 소종이 되어 종족의 범위는 확대되어서 종형제를 포함하는 동시에 그 가운데 중자를 이(禰, 부가 사망하는 것을 말함)로 하는 지파종중이 발생하는 것으로 보인

---

145) 野村調太郎, 앞의 논문, 1頁.

146) 위의 논문, 1頁.

147) 이에 대하여 野村은 종족의 공산제도(삼한시대)는 고구려, 백제, 신라의 중엽에 이르기까지 존속하여, 조선인의 친족, 존조에 관한 관념의 발달과 함께 후세에 이른바 종중재산이 발생한 바와 같이, 이미 삼한시대의 족제에서 비롯된 것으로 해석할 수 있다면서,「土地制度地稅制度調査報告書」13頁을 들고 있다. 위의 논문, 7頁.

148) 위의 논문, 2頁.

다."[149]고 하면서, 이와 같은 종중은 제사에 관한 관습상 자연히 발생하는 것으로 본다.[150] 또한 종중의 소멸은 "이에 속한 종원이 모두 사망하여 후사가 없는 때를 생각할 수 있다."[151]고 한다. 끝으로 종중원의 변동에 대하여 "종인, 즉 남계혈족은 혈연의 원근을 묻지 않고, 공동의 조선을 시조로 하는 대소종의 종중원이 되는 것이므로 종중원이 되느냐 아니냐의 자유를 갖는 것이 아니다. 따라서 임의로 종중에서 탈퇴할 수 없다."[152]고 한다. 또한 종약에 대하여 "일족 일파의 자손이 협의하여 혹은 종중재산의 관리방법을 정하고 혹은 일정한 목적사업을 설정하며, 임원의 선임 기타 목적수행 방법 등을 협정한 것이 있다. 그러한 협정을 종약 또는 종규라 부르고, 그 사무소를 종약소라 부르고 있다."[153]고 한다. 특히 재산을 갖는 종중에 있어서 그 재산을 갹출한 자가 유언 기타 의사표시로 일정한 목적 및 관리방법을 정한 것이 있으며, 이것도 종규의 한 내용이 되는 것으로 강행법규에 저촉되지 않는 한 종원을 구속하는 효력을 갖는 것은 당연하다고 한다.[154] 종손의 지위에 대하여 "종법에 의하면 시조의 宗祧를 이은 종자(또는 종손, 사손이라고 함)는 조종의 제사를 주장함에 종족을 통리하는 지위에 있는 것이다. 종족통리의 권능은 지금에는 오직 제사에 관한 사항에 한하고 그 밖의 일에는 미치지 않는다."[155]고 하면서, 조선의 관습에서는

---

149) 위의 논문, 3頁.
150) 위의 논문, 3頁.
151) 위의 논문, 3頁.
152) 위의 논문, 4頁.
153) 위의 논문, 4~5頁.
154) 위의 논문, 5頁.
155) 위의 논문, 5頁.

조주에 의하여 이어진 자손 사이에도 묘제를 유대하여 맺은 종중 관계가 있고 그곳에 종자종손의 이름은 있더라도 묘제는 반드시 종손이 전장하는 것은 아니라고 한다.156) 끝으로 종중임원에 대하여 "종손은 오직 제사를 주장하는 권능을 갖는 것에 지나지 않으므로, 종중이 단체로서 행동하는 경우에 이를 대표하는 자가 있어야 할 것이다. 그에는 보통 그 종족의 장자, 즉 항렬 연령이 가장 높은 남자가 이에 해당한다. 이것은 옛날 족제시대의 족장에 해당하는 것이다."157)고 하면서, 종장은 종중재산에 대하여 아무런 권한을 갖지 않고 종중재산의 관리 처분에 관하여 종회에서 따로 대표자를 정하거나 유사, 간사 등의 임원을 선임하여 그 일을 담당하게 하고, 종규로서 종회의 기일, 소집방법 등을 규정하는 것이 많다고 한다.158)

둘째로 종중의 종류에 있어서, 野村은 종중을 대종중과 소종중으로 나누고, 종중과 문중을 구별하고 있다.159) 문중의 특질에 대하여 "문중은 종중의 일종인 종족단체에 지나지 않지만, 그것은 현행 법률상의 친족의 범위로 인정되는 유복친 가운데 종친으로 구성되고, 성원 상호의 혈연관계는 비교적 친근하여 그 원수도 서로 상의하기에 가장 적당하므로 종전에 그 본래의 목적인 제사 외에 무능력자의 보호, 양자의 선정 등에 관하여 민법에서의 친족회와 같은 임무를 담당하여 왔다."160)고 하면서, 조선민사령의 개정(大正 10

---

156) 위의 논문, 5~6頁.
157) 위의 논문, 6頁.
158) 위의 논문, 7頁.
159) 위의 논문, 8~9頁.
160) 위의 논문, 9頁.

년)에 의하여 조선인에 대하여도 일본민법의 친족회 규정에 의하도록 하였기 때문에 문중은 일반 종중과 다르게 되었다고 한다.[161]

셋째로 종회에 있어서, 野村은, 먼저 의제 및 소집자에 대하여 "종중(문중을 병칭함)은 그 목적사항의 수행 또는 종중재산(문중재산을 병칭함)의 관리 또는 처분에 관하여 필요한 때 종원 회합으로 이를 협의한다. 이를 종회(문중에 있어서 문회)라 부른다."[162]고 하면서, 이의 소집은 종규 또는 관습에 다른 정함이 없는 때는 종장 또는 유사가 소집한다고 한다.[163] 회원에 대하여 "회의에 참석하는 자는 종원 가운데 성년인 호주에 한한다. 여호주에 대하여 의문이 있지만 참석할 수 없는 관습으로 해석될 것이다."[164]고 한다. 결의에 대하여 "의사의 결정은 종규 또는 관습에 다른 정함이 없는 때는 출석자의 과반수에 의하여 결정한다. 그 결의는 결석한 자에 대하여도 유효함은 물론이다."[165]고 한다.

넷째로 종중재산에 있어서, 野村은, 먼저 종중재산의 의의에 대하여 "종중(문중을 병칭함)은 법인격을 갖는 것은 아니지만 관습상 재산을 갖는 것이 인정되고, 종원 개인과 분리 독립하여 존재하는 것이다."고 하면서, 종중에 속하는 재산, 즉 종중재산의 주된 것은 매장, 제사에 쓰이는 토지, 건물 또는 제사비용의 자원이 되는 전답 또는 임야라고 한다.[166] 그러나 묘산, 위토는 반드시 항상 종중

---

161) 위의 논문, 9頁.

162) 위의 논문, 10~11頁.

163) 위의 논문, 11頁.

164) 위의 논문, 11頁.

165) 위의 논문, 11頁.

166) 위의 논문, 12~13頁.

에 속하는 것은 아니고 종중의 일파에 속하거나 종손의 단독소유에 속하기도 한다고 한다.[167] 다음으로 종중재산의 권리귀속의 태양에 대하여, 종중재산은 종중인 사단의 목적수행에 쓰이는 재산이므로 그 권리는 본래 단체에 속하고 종원 개인에 속하는 것이 아니라 하고, "그렇지만 종중은 법인격이 없는 사단이므로 권리 주체가 될 수 없고, 현행 법개념에서 주체로서 권리의 존재를 인정하지 못하므로 종원 각 개인을 권리 주체로 하는 수밖에 없다."[168]고 하면서, 종중재산은 종원의 공유에 속하는 것으로 해석한다.[169] 그러나 종중재산에 대하여 종중의 명의로 등기를 하는 길이 조선부동등기령 제2조의 4에 의하여 열렸지만, 그 편법으로 종손 또는 다른 종원의 단독명의 또는 여러 사람의 공유로 등기를 경료하는 예가 있다.[170] 그리고 종중재산의 설정에 대하여 종중재산은 처음에 시조로서 제사를 모시는 자가 그의 생전처분 또는 유언으로 소유토지의 일부를 나누거나, 자금을 갹출하여서 토지를 매입하여 자손으로 영원히 묘산 또는 위토로서 보유할 것을 유명하였거나, 그 후에 종지의 자손이 사자의 유산의 일부를 나누거나, 단독 또는 공동의 출연으로 위토를 만들어 이를 종중재산으로 하거나, 기존의 종중재산으로 교환 또는 바꾸어 사거나, 그 수익으로 사서 늘리거나, 그 원인은 여러 가지이다.[171] 끝으로 종중재산의 관리 및 처분에 대하여, 종중재산의 관리, 즉 보존, 이용, 개량 등에 관한 사실상 및 법률상

___

167) 위의 논문, 13頁.

168) 위의 논문, 13頁.

169) 위의 논문, 13頁.

170) 위의 논문, 14~15頁.

171) 위의 논문, 15頁.

의 조치는 대개 관습 또는 종규에 의하여 정하여진다. 종규에 규정이 없거나 관습이 분명하지 않는 때는 종회의 의결에 의하여 이를 결정하지 않으면 안 된다.[172] 종중재산인 묘산, 위토 등은 종중의 기본재산으로서 영원히 보유하여야 하고, 함부로 이를 처분하여서는 안 되지만, 종회의 결의를 거쳐서 이를 양도 또는 담보로 제공할 수 있음은 물론 그 가운데 제사에 필요한 것을 남기고 그 나머지를 종원에게 나눠 줄 수 있다.[173] 종중재산의 처분에 관한 결의는 종회 출석자의 과반수의 동의로 결의할 수 있는가. 이에 관하여 관습 또는 종규에 따로 정함이 있는 때는 그에 따르는 것은 당연하다. 그러나 그렇지 않은 경우에 대하여 여러 가지의 견해를 들고서 묘산, 위토 기타를 폐하는 중대한 처분은 합유자 전원의 과반수의 동의를 얻어야 할 것이라고 한다.[174]

(3) 物權法에 관하여

물권법에 있어서 당시에 논의된 주제를 살펴보면, 먼저 소유권의 사정에 관한 것으로 水野正之函의 "査定ト確定判決ノ牴觸ニ就テ"[175]가 있고, 우리나라의 산림과 화전에 관한 것으로 石田常英의 "朝鮮山林の現況に就て",[176] 淸水源의 "火田の現況"[177]이 있으며, 다음으로 물(水)

---

172) 위의 논문, 17頁.

173) 위의 논문, 17頁.

174) 위의 논문, 18頁.

175) 水野正之函, "査定ト確定判決ノ牴觸ニ就テ", 「司協」 제1권제1호(1922), 1～13頁; 同, "査定ト確定判決ノ牴觸ニ就テ(承前完)", 「司協」 제1권제2호(1922), 1～14頁.

176) 石田常英, "朝鮮山林の現況に就て", 「司協」 제8권제8호(1929), 63～72頁.

177) 淸水源, "火田の現況", 「司協」 제권제호(미상), 15～18頁.

의 이용에 관한 것으로 崔丙柱의 "所有權, 水利權を中心とする洑の法律關係"[178]와 時論으로 "慣習法上の公水使用權"[179]이 있다. 특히 제위토 또는 위토를 중심으로 한 종중재산의 사정과 등기에 관한 것으로 多田吉鍾의 "祭位土ノ總有性ニ就テ",[180] 野村調太郎의 "位土"[181]가 있고, 多田吉鍾의 "宗中財産の査定と登記"[182]와 高橋隆二의 "宗中財産を續する法律關係に就て"[183]가 있으며, 이와 관련된 소송에 관한 것으로 高橋隆二의 "合有權を訴訟物とする訴の當事者適格"[184]이 있다. 그리고 소작관계에 대하여 多田吉鍾의 "平南中和の賭地權に就て"[185]와 野村調太郎의 "朝鮮に於ける小作の法律關係"[186] 등이 있다.

이 가운데 水野正之函의 "査定ト確定判決ノ牴觸ニ就テ"과 野村調太郎의 "朝鮮に於ける小作の法律關係"는 주목된다.

먼저 소유권사정에 따른 소유권분쟁에 있어서 소유권의 사정과 확정판결이 서로 저촉되는 경우에 대하여 水野正之函은 2회에 걸

---

178) 崔丙柱, "所有權, 水利權を中心とする洑の法律關係", 「司協」 제18권제5호(1939), 10~40頁; 同, "所有權,水利權を中心とする洑の法律關係(二)", 「司協」 제18권제6호(1939), 1~26頁.

179) 時論, "慣習法上の公水使用權", 「司協」 제12권제11호(1933), 92~95(時論73~76)頁.

180) 多田吉鍾, "祭位土ノ總有性ニ就テ", 「司協」 제1권제3호(1922), 18~41頁.

181) 野村調太郎, "位土", 「司協」 제18권제10호(1939), 1~15頁.

182) 多田吉鍾, "宗中財産の査定と登記", 「司協」 제4권제1호(1925), 1~14頁; 同, "宗中財産の査定と登記(二)", 「司協〉 제4권제2호(1925), 1~22頁; 同, "宗中財産の査定と登記(三)", 「司協」 제4권제3호(1925), 1~10頁.

183) 高橋隆二, "宗中財産を續する法律關係に就て", 「司協」 제19권제10・11호(1940), 1~19頁.

184) 高橋隆二, "合有權を訴訟物とする訴の當事者適格", 「司協」 제7권제10호(1928), 17~28頁.

185) 多田吉鍾, "平南中和の賭地權に就て", 「司協」 제2권제12호(1923), 1~24頁.

186) 野村調太郎, "朝鮮に於ける小作の法律關係(一)", 「司協」 제8권제5호(1929), 1~10頁; 同, "朝鮮に於ける小作の法律關係(二)", 「司協」 제8권제6호(1929), 1~10頁; 同, "朝鮮に於ける小作の法律關係(三)", 「司協」 제8권제7호(1929), 11~18頁; 同, "朝鮮に於ける小作の法律關係(四)", 「司協」 제8권제8호(1929), 9~16면; 同, "朝鮮に於ける小作の法律關係(五)", 「司協」 제8권제9호(1929), 11~22頁; 同, "朝鮮に於ける小作の法律關係(六)", 「司協」 제8권제11호(1929), 1~16頁.

친 그의 논문 "査定卜確定判決ノ牴觸ニ就テ"에서 조선고등법원의 판결[187]을 들어서 논하고 있다. 특히 사정 및 확정판결의 저촉은 사정의 확정력과 판결의 기판력의 저촉문제에 지나지 않는다고 한다. 따라서 그 사정과 확정판결의 저촉이 동시인가 이시인가를 정하는 표준에 대하여 여러 설이 있는바, 혹은 사정에 의하여 소유권이 확정되는 신고일(신고일 이외에 통지일, 사정일 현재에 소유권이 확정되는 경우가 있지만 주로 신고일에 대하여 설명함) 및 판결에 의하여 권리관계가 확정되는 최종 구두변론기일을 표준일로 하자는 것(제1설) 혹은 사정발표일 및 판결언도일로 표준을 하자는 것(제2설) 및 사정이 불복신청을 할 수 없게 된 시기 및 판결확정일로 표준을 하자는 것(제3설)이 있지만, 사정 또는 판결의 형식적 확정일로 표준을 하는 것이 실체상 소유권의 확정이 되는 제1설이 타당하고 믿을 수 있다고 한다.[188] 이와 함께 확정판결존중설,[189] 사정존중설[190]과 시기의 전후에 따라 사정과 확정판결의 우열을 결정하고자 하는 설[191]에 대하여 상론하고 있다. 이와 함께 多田吉鍾은 3회에 걸친 그의 논문 "宗中財産の査定と登記"에서 종중재산은 총유재산이고,[192] 종중재산은 그 대표자에 의하여 소유권신고를 하여야 하며,[193] 종중재산으로 사정된 것은 종중재산으로 등기할 수 있다는 것[194]에 관하여 상세히 논하고 있다.

---

187) 大正10년民上제217호, 同年12月23日言渡判決.
188) 水野正之函, 앞의 논문(1), 2~3頁.
189) 위의 논문(1), 4~7頁.
190) 위의 논문(1), 7~13頁.
191) 위의 논문(2), 1~14頁.
192) 多田吉鍾, 앞의 논문(1), 1~14頁.
193) 위의 논문(2), 1~22頁.

다음으로 소작의 법률관계에 대하여 野村調太郎은 6회에 걸친 그의 논문 "朝鮮に於ける小作の法律關係"에서 소작관계가 주요한 사회문제로 논의되면서 비교적 평온무사하였던 우리나라의 지주 대 소작인 관계도 날로 악화되는 경향이었으므로 소작분쟁의 해결을 위하여 소작관습조사를 실시한 조사자료와 관습조사보고서를 가지고 종래의 관습과 법령과의 관계를 명백히 하고자 하였다.[195) 소작이라 함은 다른 사람으로부터 토지를 빌려서 자기의 계산으로 경작하는 것으로 소작인은 독립한 농업인이라고 하면서, 법률현상으로서 소작은 용익차지관계라고 하였다.[196) 이와 같은 소작관행의 연원에 대하여 신라의 삼국통일 후 내지 고려 초기에 직전 또는 사전을 영유하는 권문귀족이 스스로 노복을 사역하여 경작하는 외에 남은 땅이 있는 때 일반농민에게 대리 경작을 시켜 그 수익을 분배한 것에 연원하는 것이고, 당시 경작자는 소작인이라기보다 농업노동자이었던 것으로 보아야 할 것이라고 한다.[197) 우리나라에는 일반으로 각 지방에 행하여지고 있는 보통의 소작 이외에 어느 지방에 특별한 사정으로 생긴 특수한 소작이 있다고 한다.[198) 보통의 소작은 계약에 의한 채권관계에 속하는 것으로, 그 원인인 계약은 당사자의 일방인 지주가 상대방인 소작인에 대하여 전답의 경작을 하는 것을 약속하고 소작인은 이에 대하여 소작료, 즉 임금을 지불하는 것을 약속하는 민법의 임대차의 일종에 속한다고 한다.[199) 이

---

194) 위의 논문(3), 1~10頁.
195) 野村調太郎, 앞의 논문(1), 1~2頁.
196) 위의 논문(1), 2~3頁.
197) 위의 논문(1), 3~4頁.
198) 위의 논문(1), 7頁.

와 같은 보통의 소작에는 병작과 도지가 있고, 이들의 차이는 연혁상 특별한 의미가 있다고 생각되지만 오늘날에는 오직 소작료에 대하여 그 차이가 있는데 지나지 않는다고 한다. 즉 병작(또는 타작)은 수확물을 분배하여 차지료에 충당하는 소작이고,[200] 도지(또는 도작)는 수확물을 분배하지 않고 따로 일정한 차지료를 지불할 것을 약정하는 소작이다.[201] 소작의 기간에 대하여 종래 조선에서의 소작계약은 간단히 구두로 하여 기간에 대하여 아무런 약정을 하지 않는 것이 보통이지만, 최근에 소작계약서를 작성함에 따라서 기간을 명기하는 것이 점차 증가하고 있다. 소작기간을 약정하는 경우에는 1년 내지 20년 범위 내에서 당사자가 임의로 정할 수 있으며, 20년보다 긴 기간을 정한 때는 그 기간은 법률에 의하여 20년으로 단축된다는 것이다.[202] 소작의 권리의무에 있어서 지주는 소작기간 중에 소작료를 청구하고, 소작이 종료된 경우에는 토지의 반환을 청구할 권리를 가지며,[203] 토지명도의무, 수선의무, 방해제거의무 등 의무를 부담한다.[204] 한편 지주는 담보책임과 비용상환의무를 부담한다.[205] 이에 대하여 소작인은 목적물인 전답을 경작하는 권리를 갖는다. 이 소작권은 임대차에 기한 채권이므로 지주에 대하여 목적인 토지의 사용 및 수익을 하도록 청구하는 권리를 그 주된 내용으로 한다.[206] 따라서 소작인의 경작에는 여러 가지의

---

199) 위의 논문(1), 7頁.
200) 위의 논문(2), 1頁 이하.
201) 위의 논문(2), 2頁 이하.
202) 위의 논문(3), 11~13頁.
203) 위의 논문(3), 14頁.
204) 위의 논문(3), 14頁 이하.
205) 위의 논문(3), 17~18頁.

제한이 있다.207) 또한 소작인은 원칙으로 소작권으로 제3자에게 대항할 수 없다.208) 소작인은 소작료지불의무,209) 소작지보관의무, 소작지반환의무, 지세 및 제공과 용수료 및 수리조합비 기타 부담의무를 부담한다.210) 끝으로 보통소작의 종료원인으로 소작지의 멸실, 존속기간의 만료, 소작인의 파산 및 고지기간 없는 해약통지 등을 들고 있다.211) 이와 함께 특수한 소작에 대하여 논하였다. 특수한 소작은 대부분 궁토, 장토, 역토, 둔토 등에 대하여 발생하여, 나아가 민유지에도 파급된 것이다. 오늘날 남아 있는 특수한 소작은 소작권 설정의 취지에 따라서 대체로 3종으로 나눌 수 있다. 즉 그 하나는 개간 내지 토지개량에 의한 것이고,212) 그 둘은 기간 전답에 대하여 지주가 소작인에게 대가를 지불하여 영구소작으로 하는 권리를 인정한 것이며,213) 그 셋은 기간 답인 역둔토, 궁토 등에 대하여 소작권을 취득한 자가 스스로 경작을 하지 않고 다시 타인에게 소작을 하게 한 것214)이다. 이와 같은 특수한 소작의 법적 성질

---

206) 위의 논문(4), 9頁.

207) 위의 논문(4), 10頁 이하.

208) 위의 논문(4), 14頁 이하.

209) 위의 논문(5), 11頁 이하.

210) 위의 논문(5), 19~22頁.

211) 위의 논문(6), 1~5頁.

212) 위의 논문(6), 6頁 이하. 그 예로 黃海道 載寧郡 右栗面, 左栗面 및 黃海道 安岳郡 順豊面, 龍淵面, 大元二面 등에서 宮土의 개간 또는 개량에 의한 永久小作權(所得 中賭地)이 있고, 平安北道 義州郡 楊西面에서 畓에 대하여 존재하는 소위 原賭地로 부르는 관습에 의한 小作도 그 기원은 有主地를 개간하고 그 대가로서 永久小作하는 권리를 취득한 것이라고 한다.

213) 위의 논문(6), 7頁 이하. 그 예로는 義州郡 威化面에서 田에 대하여 존재하는 原賭地와 全羅北道 全州地方에서 행하는 禾利附 田畓의 小作이 이에 속한다.

214) 위의 논문(6), 9頁 이하. 이는 소위 中賭地의 관습에 의한 小作이다. 黃海道 鳳山郡 內의 여러 부락에 남아 있다고 한다.

은 원도지의 관습에 의한 소작권은 일종의 물권이고,[215] 화리에 속하는 소작권은 채권에 불과하며,[216] 중도지에서 중답주와 지주 및 소작인과의 관계는 채권관계이라[217]고 한다.

(4) 債權法에 관하여

채권법에 있어서 당시에 논의된 주제를 살펴보면, 먼저 화리매매에 관한 것과 다음으로 임대차에 관한 것이었다. 즉 軸原壽雄의 "所謂禾利賣買と不法原因給付に付て"[218]와 吉川圓平의 "賣買は 賃貸借を破るか"[219] 등이 그것이다.

먼저 소위 화리매매에 관한 軸原壽雄의 논문은 우리나라에 행하여지던 화리매매에 대하여 법률적 성질을 밝히고,[220] 흉작 등의 경우에 화리대금반환청구권 및 소작지 전대차한 화리대금은 불법원인급여인가에 대하여[221] 논하고 있다.

특히 당시 보통의 소작을 임대차의 일종으로 법리를 구성하고 있는 민법학에서 주의를 끄는 것은 吉川圓平의 논문 "賣買は賃貸借を破るか"이다. 이 논문에서 관습 또는 관습법의 긍정을 논하고,[222] 등기의무의 긍정을 강조하며,[223] 시카네(권리남용)금지이론

---

215) 위의 논문(6), 11頁 이하.

216) 위의 논문(6), 14頁 이하.

217) 위의 논문(6), 15頁 이하.

218) 軸原壽雄, "所謂禾利賣買と不法原因給付に付て", 「司協」 제20권제9호(1941), 1~17頁; 同, "所謂禾利賣買と不法原因給付に付て(二)", 「司協」 제20권제10호(1941), 25~48頁.

219) 吉川圓平, "賣買は賃貸借を破るか", 「司協」 제21권제5호(1942), 1~16頁.

220) 軸原壽雄, 앞의 논문(1), 966頁 이하.

221) 위의 논문(2), 1115頁 이하.

222) 吉川圓平, 앞의 논문, 468頁 이하.

의 적용[224])에 대하여 논하고 있다. 특히 이 논문의 결론에서 "임대차관계는 그 목적물의 양수인에게 승계된다. 즉 매매는 임대차를 깬다고 말하는 게르만법의 원칙은 오늘날 우리 법제 아래에서도 이를 인정하지 않으면 안 된다고 생각함에도 불구하고 이상과 같은 법률해석이 확립되지 않은 차가, 차지법, 농지조정법, 조선에서는 농지령이 시행된 것을 말하면서 혹은 그 시행이 전국적이 아니고 혹은 대상물이 농경지에 한하여 기타 차지나 차가에 미치지 않는다는 등, 많은 임차인이 이기주의자들의 횡포에 눈물 흘리고 있는 현상을 보면서 의분을 느끼지 않을 수 없다."[225])고 하였다.

제5절 民法學의 展開(3): 그 밖의 學會·協會에 의한 民法學

먼저 경성법학전문학교 교지인 「六曹」[226])에 실린 논문 가운데 申義混의 "法人の損害賠償義務を論す",[227]) 崔宗錫의 "權利義務の發生及其の發展",[228]) 李晦鍾의 "被用者による使用者の責任を論す",[229])

223) 위의 논문, 470頁 이하.
224) 위의 논문, 472頁 이하.
225) 위의 논문, 480頁 이하.
226) 1919년부터 발행되었으나 현재 서울대학교 법학도서관에 남아 있는 것은 몇 권에 지나지 않는다. 崔鍾庫, 「韓國法學史」(1990), 435~436면.
227) 申義混, "法人の損害賠償義務を論す", 「六曹」 제12호(1931.3.14).
228) 崔宗錫, "權利義務の發生及其の發展", 「六曹」 제12호(1931.3.14).
229) 李晦鍾, "被用者による使用者の責任を論す", 「六曹」 제15호(1934.2.27).

朴容牧의 "現代に於ける私法原理思想を論す",[230] 韓來源의 "留置權に於ける所謂他人の物",[231] 金聖七의 "寶と契",[232] 李秉浩의 "權利濫用隨考",[233] 朴時憲의 "朝鮮農地令改正論",[234] 朴河鎭의 "朝鮮における小作管理慣行に關する管見",[235] 金昌煥의 "所有權への論考",[236] 高橋隆二의 "朝鮮民事令の改正" 등 민법학에 관한 논의가 있었다. 또한 보성전문학교 교수들로 구성된 普專學會는 「普專論集」[237] 을 간행하였으나 민법학에 관한 논문은 없었다.

다음으로 경성제국대학 법문학부는 개교와 함께 법학회를 설립하여 법학연구에 관심을 기울였다. 특히 법학회는 매월 연구모임을 갖고, 연구조직으로 민사판례연구회가 있었다. 이 법학회의 논집은 처음에는 연보로 간행되었으나 그 후에 연 4회로 간행되었다.[238] 이 논집에 게재된 논문 가운데 민법학에 관한 것은 그리 많지 않다. 그것을 제목으로 살펴보면, 津曲藏之丞의 "朝鮮に於ける小作問題の發展過程",[239] 安田幹太의 "法律解釋における主知と主意",[240] 津曲藏之丞의 "契約自由と勞働法の指導原理",[241] 三宅鹿之

---

230) 朴容牧, "現代に於ける私法原理思想を論す", 「六曹」 제16호(1935.2.26).

231) 韓來源, "留置權に於ける所謂他人の物", 「六曹」 제17호(1936.2.25).

232) 金聖七, "寶と契", 「六曹」 제18호(1937.1.25).

233) 李秉浩, "權利濫用隨考", 「六曹」 제18호(1937.1.25).

234) 朴時憲, "朝鮮農地令改正論", 「六曹」 제19호(1938.2.25).

235) 朴河鎭, "朝鮮における小作管理慣行に關する管見", 「六曹」 제19호(1938.2.25).

236) 金昌煥, "所有權への論考", 「六曹」 제20호(1939.2.20).

237) 이 「普專論集」은 보성전문학교 교수들로 구성한 普專學會의 학회지로 1934년에 창간되어 1937년까지 3집이 나왔다. 崔鍾庫, 「韓國法學史」(1990), 444면.

238) 경성제국대학 법학회의 논집은 1928년부터 연보로 제11책까지 간행되다가 1941년부터 연 4회로 속간되었다고 한다. 崔鍾庫, 「韓國法學史」(1990), 450 - 451면.

239) 津曲藏之丞, "朝鮮に於ける小作問題の發展過程", 第二冊 「朝鮮經濟の研究(第一)」, (京城: 刀江書院, 1929.9).

助의 "賠償問題の史的考察",242) 藤田東三의 "朝鮮相續法(朝鮮親族法續篇)",243) 松坂佐一의 "羅馬法に於ける履行補助者の過失による債務者の責任について",244) 安田幹太의 "家屋と敷地の法律關係",245) 松坂佐一의 "債權者代位權",246) 喜頭兵一의 "種類債務と履行に代る損害賠償の豫備的請求",247) 有泉 亨의 "不法行爲論の操作的構成",248) 尾高朝雄의 "慣習法の成文法改廢力",249) 有泉 亨의 "物權行爲論の意義について",250) 松坂佐一의 "積極的債權侵害の本質",251) 山中康雄의 "雙方的債權關係における對價的關聯性の實現方法",252) 民事判例研究會의 "高等法院民事判例研究"253) 등이 있다.

江書院, 1930.9).

241) 津曲藏之丞, "契約自由と勞働法の指導原理", 第三冊 「私法を中心として」, (京城: 刀江書院, 1930.9).

242) 三宅鹿之助, "賠償問題の史的考察", 第四冊 「法政論纂」, (京城: 刀江書院, 1931.12).

243) 藤田東三, "朝鮮相續法(朝鮮親族法續篇)", 第五冊 「法學論纂」, (京城: 刀江書院, 1932.11).

244) 松坂佐一, "羅馬法に於ける履行補助者の過失による債務者の責任について", 第五冊 「法學論纂」, (京城: 刀江書院, 1932.11).

245) 安田幹太, "家屋と敷地の法律關係", 第八冊 「判例と理論」, (京城: 刀江書院, 1935.11).

246) 松坂佐一, "債權者代位權", 第八冊 「判例と理論」, (京城: 刀江書院, 1935.11).

247) 喜頭兵一, "種類債務と履行に代る損害賠償の豫備的請求", 第八冊 「判例と理論」, (京城: 刀江書院, 1935.11).

248) 有泉 亨, 不法行爲論の操作的構成", 第十二冊 第二號(京城: 朝鮮行政學會, 1941.10).

249) 尾高朝雄, "慣習法の成文法改廢力", 第十四冊 第二號(京城: 朝鮮行政學會, 1943.5.30).

250) 有泉 亨, 物權行爲論の意義について", 第十四冊 第三號(京城: 朝鮮行政學會, 1943.8).

251) 松坂佐一, 積極的債權侵害の本質", 第十五冊 第一號(京城: 朝鮮行政學會, 1944.2.29).

252) 山中康雄, "雙方的債權關係における對價的關聯性の實現方法", 第十五冊 第二號(京城: 朝鮮行政學會, 1944.8.30).

253) 民事判例研究會, "高等法院民事判例研究", 第十二冊 第一號(京城: 朝鮮行政學會, 1941.9); 第十二冊 第二號(1941.10); 第十三冊 第一號(1942.2); 第十三冊 第二號(1942.5.30); 第十三冊 第三號(1942.8.30); 第十三冊 第四號(1942.11.30); 第十四冊 第一號(1943.2.28); 第十四冊 第二號(1943.5.30); 第十四冊 第四號(1943.11).

이와 같이 일제지배기가 진행됨에 따라서 한국인이나 일본인이나 모두 일본어로 조선민사령에 의하여 의용된 일본민법에 관한 민법학을 논함으로써 이미 민법학에 있어서 일본 민법학과 구별할 수 없이 동화되었음을 알 수 있다.

그 밖에 언론잡지 등을 통하여 발표된 글 가운데 민법학에 관련된 것이 있으나,[254] 이에 대하여는 생략하기로 한다.

제6절 民法學의 隆盛: 植民地 民法學으로서 日本民法學과의 同化

지금까지 살펴본 바와 같이 일제지배기의 민법학은 우리나라의 律學을 완전히 혁파하고, 이미 대한제국기에 법관양성소에 의하여 접촉한 일본민법학이 통감부시대에 부동산법조사회에 의한 梅謙次郞의 민법학에 의하여 민사입법이 이뤄지게 되었으며, 합방 이후에는 조선민사령에 의하여 의용된 일본민법에 관한 민법학이 그 융성을 보면서 식민지 민법학으로서 일본민법학과 동화되었다.

그러나 오늘날 일제지배기의 민법학에 대한 재평가의 작업이 이뤄지고 있음은 바로 식민지 민법학으로서의 한계를 극복하고 정체성을 찾기 위한 것으로 보인다. 그 구체적인 예를 보면 다음과 같다. 먼저 朴秉濠 교수는 "近世의 土地所有權에 관한 研究"[255]를

---

254) 崔鍾庫, 「韓國法學史」(1990), 459면 이하 참조.

255) 朴秉濠, 「韓國法制史攷」, (서울: 法文社, 1983), 107면 이하.

통하여 그 연구사적 배경에서 일제지배기의 일본인 학자들의 논의를 들고서 이에 대한 검토에서 "이와 같이 경국대전의 제전조가 확립되기까지에는, 즉 국공유지 성립과정은 한편에서는 국용을 이유로 하는 공공연한 민전침탈을 통해 이루어졌으며, 그 양적 규모도 적지 않았을 것으로 생각된다. 결국 이와 같은 민전침탈의 현상은 토지 자체의 전면적 지배가능성만이 토지소유로 관념되었다는 사실을 입증한 것이며, 벌써 토지 자체에 대한 국공유・사유는 확고한 의식으로 존재하였던 것이다."256)고 전제하고, 토지소유권의 사권성,257) 토지소유권의 개인권성,258) 토지소유권의 재산권성259)에 대하여 실증적으로 검증하여 토지소유권의 특질260)을 밝히고 소유의 주체의식과 존중의식261)에 대하여 논하였다. 결론적으로 "지금까지 근세토지소유에 대하여 법제사적 관점에서 분석해 보았다. 토지는 상속가능성, 처분가능성을 취득했으며, 토지소유권은 왕토사상하에서도 법률적으로나 사회적으로 확립되어 있으며, 토지의 사유는 결코 부정됨이 없이 시대를 내려오면서 강력히 의식되었다."262)고 함으로써, 일제지배기의 민법학에서 부정되었던 우리나라의 토지소유권 내지 토지의 사유를 실증적으로 긍정하였다. 또한 沈義基 교수는 "朝鮮後期 土地所有에 관한 研究: 國家地主說과 共同體所有說批判"263)에서 일제지배기의 관학파에 의하여 주장되

---

256) 朴秉濠, 앞의 책, 123면.
257) 위의 책, 123면 이하.
258) 위의 책, 144면 이하.
259) 위의 책, 161면 이하.
260) 위의 책, 167면 이하.
261) 위의 책, 221면 이하.
262) 위의 책, 232면.

었던 토지국유설(왕토사상)에 대한 비판을 통하여 일제지배기의 민법학에 대한 재평가를 하고 있다. 특히 종중을 중심으로 한 단체적 소유에 관한 일제지배기의 민법학에 대하여도 그 왜곡을 지적하여 재평가가 이뤄졌다.[264] 우리나라에 있어서 특수한 토지이용제도인 원도지, 전도지, 중도지, 개간도지 및 화리도지 등을 중심으로 한 일제지배기의 민법학에 대하여도 비판적인 재평가를 하고 있다.[265] 그 밖에 전세에 대한 일제지배기의 민법학에 대하여도 필자는 "傳貰權法의 硏究"[266]를 통하여 비판적으로 재검토한 바가 있다. 또한 필자는 「한국민사법제사연구: 일제의 한국관습법조사사업과 민사관습법」[267]에서 일제의 관습법조사사업을 통하여 일제지배기의 민법학이 어떻게 식민통치의 기반을 조성하여 동화정책을 실현하였는가에 대하여 분석하여 평가한 바가 있다.

---

263) 심희기, "조선후기 토지소유권에 관한 연구: 국가지주설과 공동체소유설비판", 박사학위논문(서울대학교 대학원, 1991).

264) 이에 대한 연구로는, 이호규, "한국전통사회에 있어서 단체적 소유: 특히 종중의 경우를 중심으로", 석사학위논문(서울대학교 대학원, 1987); 鄭貴鎬, "宗中法에 관하여", 「民法論叢」(厚巖 郭潤直교수화갑기념)(서울: 博英社, 1985), 78면 이하 등이 있다. 이와 함께 洞契(촌락공동체) 재산에 관한 연구로는, 심희기, "계유재산의 소유이용관계와 총유: 동계(촌락공동체)를 중심으로", 「법과 사회」, 제4호(서울: 창작과비평사, 1991), 198–230면 등이 있다.

265) 鄭鍾休, 「韓國民法典の比較法的研究」, (東京: 創文社, 1989), 121~131頁; 愼鏞廈, 「朝鮮土地調査事業硏究」, (서울: 지식산업사, 1982), 247면 이하.

266) 尹大成, "傳貰權法의 硏究", 박사학위논문(성균관대학교 대학원, 1997); 동, 「韓國傳貰權法硏究」, (서울: 三知院, 1998), 83면 이하.

267) 윤대성, 「한국민사법제사연구」(1997).

제4장 美軍政期(1945~1948)의 民法學

제1절 序 說

우리나라는 구한국 말기에 일본제국주의의 침략을 받아 일본제국의 식민통치를 받으면서 일본법의 지배 아래에 있었다. 이로 인하여 우리나라에서 일제지배기의 민법학은 식민민법학이었음을 살펴볼 수 있었다.

그러나 일본제국이 1945년 8월 15일에 연합군에 무조건 항복을 함에 따라서 우리나라도 해방을 맞게 되었다. 그렇지만 우리나라는 연합군인 미군이 진주함에 따라 미군정청이 설치되고 미군정청의 통치를 받게 되었다.[1][2] 여기에서 이와 같은 미군정기에 있어서 민법학은 어떠하였는가를 다루고자 하는 것이다.[3]

미군정기(1945~1948)에 있어서 우리나라의 민법학을 다룸에 한국인 법률가와 미국인 법률가로 구성된 조미법률가협회의 역할을 중시하지 않을 수 없다. 그리고 미군정기에 우리나라의 민법전편찬사업을 전개함과 그 사업의 전개에 있어서 지배한 민법학을 들 수 있을 것이다.[4]

---

1) 美軍政期에 있어서 美軍政의 韓國統治에 관한 자세한 내용은, 金雲泰, 「美軍政의 韓國統治」(서울: 박영사, 1992)가 있음.

2) 미군정기에 미국의 대한정책과 과도정부형태에 대한 연구에 관하여, 鄭容郁, "1942 - 47년 美國의 對韓政策과 過渡政府形態 構想", 박사학위논문, (서울대 대학원, 1996.2.) 참조.

3) 이 부분에 관한 중간발표로서, 윤대성, "美軍政期(1945 - 1948)의 民法學", 「民事法의 實踐的 課題」(閑道 鄭煥淡교수화갑기념논문집), (서울: 법문사, 2000.2), 1~23면에 게재된 것임.

4) 이 부분의 심층적 기존연구로서, 尹大成, "美軍政時代(1945 - 1948)의 韓國民法典編纂事業과 로빈기어의 <韓國民法典草案>에 관한 研究"(1995년도 교육부지원 한국학술진흥재단 지방대학육성연구비에 의한 연구), 「比較私法」, 제4권제1호(한국비교사법학회, 1997.6), 382~452면, 제4권제2호(한국비교사법학회, 1997.12), 339~388면 등이 있음.

제2절 朝美法律家協會에 의한 民法學

1. 朝美法律家協會(Korean – American Lawyer Society)의 活動

우리나라에 미군정이 실시됨과 함께 1946년에 조미법률가협회가 구성되어서 활동하였다. 그 구성원을 보면, 미국 측에서는 퍼글러(Pergler, C), 프랑켈(Frankel, E), 코네리(Connelly, John), 스코트(Scott, D), 로빈기어(Lobbingier, C.) 등이었고, 한국 측에서는 金用茂, 金炳魯, 李仁, 金瓚永, 兪鎭午, 張厚永, 洪璉基, 黃聖秀 등이었다. 이 조미법률가협회는 헌법을 비롯하여 민상법 중 각 분야에 걸친 기본원칙을 세우는 작업을 하였다. 따라서 우리나라의 건국 초기의 법제에 있어서 미국법제를 도입하는 교량적 역할을 하였다.5)6) 당시 조미법률가협회가 어떠한 모임이었는가에 대하여 黃聖秀의 회고7)에서도 알 수 있듯이 비록 임의단체이지만 사실상 반관적인 성격을 가진 것이었다.

그렇다면 이 조미법률가협회의 활동을 통하여 한국 측의 법률가들은 미국법을 습득하는 기회가 되었고, 미국 측의 법률가들은 한

---

5) 崔鍾庫, "韓國法의 近代化와 韓美法律交流", 「法史學研究」, 제10호(한국법사학회, 1989), 116면.

6) 특히 刑事訴訟法의 改正(美軍政法令 제176호(1948.3.20.))에 있어서 英美法의 人身保護制度(Habeas Corpus), 拘束期間의 法定 및 拘束適否審査制度 등을 규정한 것 및 勞動法에 있어서 勞動賃金, 最高勞動時間, 未成年者保護 등 勞動保護法令을 立法한 것이라든지, 朝鮮人姓名復歸令(美軍政法令 제122호)의 施行 등을 들 수 있다. 崔鍾庫, 앞의 논문(1989), 117면 참조.

7) "명실 공히 한국의 대표적 법조인과 법률학자를 망라한 이 모임에서 나는 미국 측의 발표 논문들을 번역하고 논문을 영어로 옮기는 작업을 맡아 했다. 이 협회에서 제기된 법률문제는 대부분이 곧바로 법률의 개정 내지 제정으로 연결되리만치 권위가 있었다." 黃聖秀, "黎明期", 「法律新聞」 1982.9.13.

국법의 현실을 알게 되었을 것이다. 따라서 이 협회의 활동에 의한 결과가 미군정청의 법무국이나 법전기초국에서의 법전편찬에 영향을 주었을 것으로 생각할 수 있다.[8]

2. 美國法學의 紹介와 民法學

1945년 우리나라가 해방이 되고 미군정이 실시되면서 우리나라와 미국과의 관계는 긴밀하였다.[9] 이와 같은 분위기 속에서 우리나라의 법학계는 대륙법 일변도에서 영미법도 알아야 한다는 반성이 높았다. 그 결과 우리나라의 법률가들이 미국으로 유학을 떠나거나 국내에서 영미법에 관한 저서나 논문의 번역 등에 의하여 소개되었다. 이와 같은 경향은 우리나라의 정부가 수립된 이후에도 계속되었다.[10]

그 가운데 민법학에 관하여 발표된 두 가지의 논문이 주목된다. 그 하나는 프랑켈(Frankel, E. 1898~1975)[11]이 발표한 논문 "成文法과 先決例"[12]이고, 다른 하나는 로빈기어(Lobbingier, C. 1866~1956)[13]가

---

8) 尹大成, "美軍政時代(1945~1948)의 韓國民法典編纂事業과 로빈기어의 <韓國民法典草案>에 관한 研究", 「比較私法」, 제4권제1호(한국비교사법학회, 1997.6), 402면.

9) 이와 같은 韓美關係는 정치, 경제, 교육, 종교, 문화계에 있어서 美國의 영향이 압도적으로 작용하였고, 일찍이 舊韓末에 문호를 연 이후 다시 美國으로 移住하는 것이 再開되었으며, 한 번쯤 '물 건너갔다 와야' 韓國에서도 행세를 하는 것처럼 인식될 정도에 이르렀던 것이다. 구영록 외, 「韓國과 美國」, (서울: 박영사, 1983) 참조.

10) 이와 같은 傾向에 대하여, 崔鍾庫, 앞의 논문(1989), 118~119면.

11) 프랭켈(Fraenkel, E.)은 원래 독일에서 태어나서 프랑크푸르트 대학에서 법학을 공부한 법률가였다. 유대인이기 때문에 1939년에 미국으로 망명하여 다시 美國法學을 배우고 변호사가 되어서 1945년에 우리나라 美軍政廳의 法律顧問으로 부임하여 1948년 憲法制定, 마샬 計劃에 참여하였고 6·25事變 직전에 離韓하였으며, 獨逸 베르린 自由大學의 政治學 教授로 활동하면서 「韓國: 國際法의 轉換點인가」(Korea: Wendepunkt im Volkerrecht?, 1951)를 저술하기도 하였다. 崔鍾庫, 「韓國의 西洋法受容史」, (서울: 박영사, 1983) 참조.

발표한 논문 "日本民法改正私案"14)이다. 이들 논문의 주된 내용은 우리나라에서 어떠한 민법전을 편찬할 것인가에 대한 것이었다. 즉 해방 후 우리나라의 민법전편찬에 있어서 대륙법과 영미법의 논의가 아닐 수 없다. 이와 같은 논의는 대륙법에 편향되었던 한국 측 법률가에게도 자극을 주었던 것으로 보인다. 우리나라의 미군정기에 있어서 영미법적 민법학의 충격은 뒤에서 보는 바와 같이 당시 미군정청의 한국민법전편찬사업에도 그대로 이어졌던 것이다.

제3절 美顧問官에 의한 英美民法學에의 轉回

1. 프랑켈(Frankel, E.)의 民法學

미군정청의 법률고문관주석인 프랑켈(Frankel, E.)은 조미법률가

---

12) 에른스트 프랭켈, "成文法과 先決例", 「法政」, 1947.2. ~ 5.; 崔鍾庫 편역, 「西洋人이 본 韓國法俗」, (서울: 교육과학사, 1989), 243~264면.

13) 로빈기어(Lobbingier, C.)는 1866년 4월 30일 美國 일리노이州의 라나아크(Lanark)에서 判事의 아들로 태어나서, 네브라스카 大學에서 1888년에 學士, 1892년에 碩士, 1903년에 Ph.D. 學位를 받았으며, 1890년에 辯護士로, 1902~1903년에 네브라스카 大學에서 강의, 1904~1914년에 필리핀 第1법원 判事로 재직하면서 필리핀 法律制定에 諮問役割을 하고, 1914~1924년에 中國 상하이 駐在美國法院 判事로 재직 中國政府로부터 功勞勳章을 받았고, 1925년부터 워싱턴 國立大學의 敎授로 재직하면서 學會 및 著述活動, 1946~1949년에 韓國美軍政廳 法典起草局 顧問官主席으로 있었고, 1956년에 死亡한 것으로 알려져 있다. 이와 같은 로빈기어의 이력에 대하여, 崔鍾庫, C. 로빈기어博士(法史餘滴 78), 「法律新聞」, 1989.2.2, 11면 참조.

14) 이 論文은 로빈기어가 1946년 11월 30일 서울에서 朝美法律家協會에서 강연한 내용으로 「法政」, 第2권제2호(1947.2.)에 게재된 것이다. 이 論文을 崔鍾庫 교수는 "한국민법 제정의 방향"으로 字句를 현대문화하여 그의 편역서에 게재하였다. 崔鍾庫 편역, 「西洋人이 본 韓國法俗」(1989), 205~222면.

협회에서 행한 그의 연설 "成文法과 先決例"[15]을 통하여 어떠한 민법학을 말하고 있는가를 살펴볼 수 있다.

(a) 왜 민법은 성문법전이어야 하는가: 이에 대하여 프랑켈은 "민법법전이란 — 여기에서 본인은 우리가 상상할 수 있는 최선의 민법법전을 말하는 것이 아니라 가장 보통으로 있는 민법법전을 말합니다 — 사법의 모든 문제를 규정하려고 의도하는 일종의 초성문법(超成文法)이 아닙니다. 민법법전의 진정한 중요성은 오히려 보충적 성문법으로서의 성격에 발견될 것입니다. 시민법 국가의 사법은 사법의 문제에 만족한 해답이 특수한 법률조문에 발견되지 않는 모든 문제에 있어서 법관은 민법법전의 규정에 준하여야 한다는 이론에 입각하여 있는 것입니다."[16]라고 설명하였다. 성문법전인 민법법전은 사법의 모든 문제를 규정하려는 것이 아니고 오히려 보충적 성문법으로서의 성격을 갖는 것이라는 점을 강조하였다. 이와 같은 주장의 근거로서 시민법 국가의 사법은 민법법전의 규정에 준하여야 한다는 이론을 들고 있다.

이와 함께 총칙의 중요성을 강조하였다. "제일 먼저 보다 구체적인 문제를 취급하는 법전 각 편의 보다 특수한 규정을 탐색하고 그다음 채권, 물권, 대리, 불법행위 등의 기본적 원칙을 취급하는 법전의 보다 일반적인 규정을 참고하고 마지막으로는 민법법전의 전부만이 아니라 민법사항을 취급하는 다른 모든 성문법을 보충하는 법규를 포함한 민법의 제일편에 의거하여야 할 것입니다. 그 본질

---

15) 프랑켈, "成文法과 先決例", 崔鍾庫 편역, 「西洋人이 본 韓國法俗」, (서울: 교육과학사, 1989), 243~264면(이하 인용은 이에 의한다). 이 글은 다음 호에 계속되기로 한 것으로 보이나(차호 계속), 그 후에 연재되지 않았다.

16) 프랑켈, 위의 논문, 248~249면.

에서부터 민법의 「총칙」은 그 성격이 매우 추상적인 것입니다. 총칙은 인(人)과 물(物)을 일반적으로 논술할 뿐 아니라 의사표시, 법률행위 등을 규정합니다. …그러나 시민법 국가에 있어서는 이러한 총칙의 추상적 규정이 전(全) 사법제도의 핵심을 이루고 있습니다. 시민법 국가 민법에서 총칙을 제거하면 민법은 그 전통적 형식을 발골(拔骨) 거세당하고 마는 것입니다. 총칙 없이 환언하면 그러한 아주 추상적인 규정 없이는 법관은 구체적 사건의 해결을 성문법에서 발견치 못할 것입니다."17)고 하면서 프랑스 민법 제4조18)를 들어 민법총칙의 중요성을 강조하여 설명하였다.

결국 프랑켈은 성문법전인 민법법전에 대하여 "시민법은 성문법의 완전성이라는 이론에 입각하여 있습니다. 이 원칙은 스위스법과 같은 현대 법전에 의하여 수식(修飾)되며 약화(弱化)되었다는 것을 인정할 수 있으며, 이 원칙의 이론적 기초는 현대 독일 프랑스법학에서 종종 문제가 되고 있습니다. 그러나 우리는 여기에서 성문법의 완전성의 원칙이 모든 경계선상 사건에 주장될 수 있는가 없는가 하는 문제를 논의하려는 것이 아닙니다. 여기의 결정적 관점은 민법법전이 성문법의 완전한 제도의 건설을 목표로 하고 있다는 것입니다."19)고 함으로써, 민법법전은 성문법의 완전한 제도의 건설을 목표로 하고 있음으로 요약하였다.

(b) 보통법이란 무엇인가: 프랑켈은 시민법 국가에서 민법의 추상적인 일반적 규정이 가진 보충적 기능과 비교할 만한 규정이 보통법 국

---

17) 프랑켈, 위의 논문, 249면.
18) 프랑스 민법 제4조: 법률의 침묵, 애매성, 보족 등을 구실로 하여 판결의 언도를 거절하는 법관은 사법권을 거부한 죄로 기소된다. 프랑켈, 위의 논문, 250면.
19) 프랑켈, 위의 논문, 250면.

가에는 없다고 하면서, 이와 같은 보통법 국가에는 「보통법」이 있기 때문에 그러한 규정이 필요하지 않다는 것이다. 그 이유를 "미국 각 주의 보통법은 각 개 주의 법정이 각 주 창설 이래 부단한 연쇄적 의견 속에 규정한 법과 중세 영국의 연대기 시대로부터 미국혁명에 이르기까지의 영국판례에 규정된 법과 합중국 대심원의 판결 속에 규정된 법입니다. ⋯'보통법'(Common Law, Gemeines Recht)이라는 숙어만으로도 영미법은 성문법의 불완전성의 이론에 입각하였다는 것을 보여 주기에 족한 것입니다. 보통법 관할하에 있어서는 개개의 법률조문을 '보통법'이라는 배경에 비추어 그 '보통법'의 정신으로 해석하여야 합니다. 보통법 국가에 있어서는 의혹이 있는 경우에 어떤 법률조문은 전통적인 보통법의 법규에서 이탈하여서는 안 된다는 가정 위에 법률조문의 해석에 입각하고 있습니다. ⋯많은 영미법률가의 눈에는 보통법이 성문법에 비교하여 보다 높은 법이 됩니다."[20]고 설명하였다.

그러므로 시민법 국가에 있어서는 선결례가 성문법을 해석하고, 보통법 국가에 있어서는 성문법이 판례법을 보충하거나 수식하거나 혹은 단순히 재진술하는 것이라고 하였다.[21]

(c) 성문법과 보통법이라는 두 법률제도에 있어서 구성적 차이는 무엇인가: 이에 대하여 프랑켈은 "물론 로마법이 대륙법의 발전에 결정적 영향을 끼친 것은 사실입니다. 그러나 로마법이 역사의 여러 단계를 통해서 영미법정에 끼친 영향을 경시하는 것은 커다란 착오일 것입니다. 그러나 우리는 다음과 같은 차이에 착안할 수 있

---

20) 프랑켈, 위의 논문, 250~251면.
21) 프랑켈, 위의 논문, 251면.

습니다. 영국에서는, 또는 그보다 적은 정도에서 미국에서는 로마법이 각자의 법의 적용을 결코 중지치 않는 법관들의 사고 위에 영향을 끼친 것입니다. 그러나 대륙에서는 로마법이 그대로 '그 땅의 법'으로서 채용되었던 것입니다."[22]고 설명하였다.

그럼에도 불구하고 로마법은 명칭만이 아니라 그 본질에 있어서 '보통법'이었다[23]는 것이다. 그렇기 때문에 영미 보통법과 비슷하게 법전편찬 이전의 대륙 보통법도 성문법에 의하여 보충되고 의식되었으며,[24] "조선 관습법과 비슷하게 대륙 관습법도 외국법률제도, 즉 로마법의 소개에도 불구하고 일 분야 친족관계에 있어서 존속"[25]하였던 것이다. 따라서 "법전제정 이전에 대륙법은 주로 판례법에, 영미법은 선결례에 기초하였던"[26] 것이다. 그러므로 법전편찬 이전의 대륙 보통법은 동결된 판례법이었던 것이다.[27]

(d) 영미 법률전통과 대륙 법률전통의 커다란 차이는 무엇인가: 이에 대하여 프랑켈은 "보통법 국가에 있어서는 '선결례'가 구체적 판례, 즉 사실에 법적 고찰을 가한 것이지마는 시민법 국가에 있어서는 법정의 판결이란 그 법정이 표명한 법적 고찰이 성문법의 권위 있는 해석이 될 수 있다는 이유 아래 판례로써 인용되는 점에 있습니다."[28]고 요약함으로써 선결례에서 찾았다. 따라서 보통법 법률가는 당면한 사건과 사실이 동일하거나 흡사한 판례를 발견할

---

22) 프랑켈, 위의 논문, 252면.
23) 프랑켈, 위의 논문, 252면.
24) 프랑켈, 위의 논문, 253면.
25) 프랑켈, 위의 논문, 253면.
26) 프랑켈, 위의 논문, 253면.
27) 프랑켈, 위의 논문, 254면.
28) 프랑켈, 위의 논문, 255면.

때까지는 만족해하지 않지만, 시민법 법률가는 법정판결의 법률적 고찰에 대해 언급하지만 법전 문구에서 유출한 법률적 귀결을 정당화할 만큼 법률조문이 명백치 않다고 느껴지는 경우에 법정판결을 '판례'로써 인용하는 것이다. 보통법 법률가는 구체적 상태에서 일반적 결론을 지어내지만, 시민법 법률가는 일반적 원칙에서 구체적 사실의 판결을 지어내는 것이다. 보통법 법률가는 유추에 의하여 다른 사건에 적용되는 경우에 인용하는 사건을 '선결례'라 인정하기 때문에 그들의 사고방법과 논의방법은 시민법 법률가들의 법률적 사고와 논의보다 훨씬 경험론적(귀납법적?)인 것이다.[29]

이와 같은 서로 다른 사고방법은 두 법률제도의 법률조문과 법정판결의 문체에도 반영되고 있다는 것이다.

먼저 법률조문에 대하여 다음과 같은 차이를 보인다. 여러 사건의 분석에 숙련된 보통법 법률가는 한 법률조문 속에 될 수 있는 대로 많은 경계선 상태를 내포하기에 노력하고, 한 법률조문이 상상할 수 있는 모든 상세한 상태를 다 규정하면 완전하다고 믿기 쉽다. 그러나 시민법의 법률조문은 법전 속에 사용된 개념이 광범하면 할수록 또는 성문법의 개념이 추상적이면 추상적일수록 그 법에 의하여 사건 전반이 포함될 가능성이 크다는 이론에 기초하는 것이고, 상세한 것은 행정명령이나 법정에 의하여 결정될 수 있다는 것이다. 따라서 법 전체의 법전화를 이루고 그 특이한 위신을 가지게 하는 것이다. 이에 대하여 영미법률 조문들은 위대한 법전들에 비교하여 겨우 미봉책에 불과한 것이다. 이와 같은 현상은 영미법의 법전화가 이뤄지지 않았기 때문이다.[30]

---

29) 프랑켈, 위의 논문, 256면.

다음으로 법정판결의 문체에서도 다음과 같은 차이를 보인다. 프랑스법정은 다소간 모든 판결에 적용하는 아주 엄격한 격식을 발전시켰다. 따라서 프랑스 판결문은 틀림없이 "이상의 사실에 감(鑑)하여", "이하의 사실에 감하여", "…어떠한 법률적 결론이 요청된다."는 형식에 의한다. 독일의 판결문은 Tatbestand(사실)와 Entscheidungsgründe (법률적 고찰) 간에 엄격한 구별을 볼 수 있다. 이와 같이 대륙법정 판결의 문체는 그 판결문 중의 일부에 당면사건의 구체적 사실에는 반드시 제한되지 않은 법관념과 법이론만에 관한 수술을 발전시키려는 유혹이 침투되어 있다. 이에 대하여 보통법 법관은 그 자신의 의견에 일치되지 않는 의견을 쓰라고 강제하는 일이 결코 없으며 다수의견의 저자와 소수의견의 저자나 그들의 통의치 않은 점을 아주 명백한 '용어'로 진술하기에 주저하지 않는다. 이러한 이유 때문에 영미법관의 의견은 끝없는 권태의 기원이 아니라 오히려 가장 생기 있고 흥분되는 개성약연(個性躍然)한 문서이며 개인 문체의 걸작인 경우가 많고 법관과 변호사와 학생과 교수들이 재삼 읽고 신문과 연설 중에 인용되며, 법적 발전의 배후에 있는 원동력이요 바로 보통법의 실천인 것이다.[31]

(e) 요약: 대륙법과 영미법의 비교를 통한 민법전의 성문화

일제지배기를 거치면서 대륙법 일변도에 있는 우리나라의 법률가에게 대륙법과 영미법의 비교를 통하여 민법전은 왜 성문법전이 되어야 하는가를 밝혀 주었다 할 것이다. 그리고 프랑켈의 민법학은 앞으로 미군정시대에 한국민법전편찬사업을 추진함에 있어서

---

30) 프랑켈, 위의 논문, 260~261면.
31) 프랑켈, 위의 논문, 261~264면.

우리나라의 법률가에게 영미법적 사고를 갖도록 하는 계기가 되었다고 본다.

2. 로빈기어(Lobingier, C.)의 民法學

미군청 법전기초국 고문관주석이었던 로빈기어(Lobingier, C.)는 그의 논문 "日本民法改正私案"[32]을 통하여 어떠한 민법학을 논하고 있는가를 살펴볼 수 있다.

(a) 우리나라의 민법전이 왜 제정되어야 하는가: 우선 로빈기어(Lobingier, C.)는 해방된 우리나라의 "법전 초안을 작성하는 일에 원조하라는 명을 받들고 있다."[33]는 것으로 보아서, 민법전 초안의 작성에 직접 관여하고 있음을 알 수 있다.

로빈기어는 우리나라의 민법전을 제정하여야 하는 이유를 다음과 같이 설명하고 있다. 즉 로빈기어는 "여러분은 지금 조선에 현행 민법이 있지 않느냐고 물으실는지도 모르겠습니다. 물론 소위 「조선민법」(조선민사령을 의미하는 듯)이라는 것이 있기는 합니다. 그러나 그 민법은 외국어로 작성되었으며 조선국어로 번역된 적이 없습니다. 그 법률이 조선국어를 말하는 약 2천6백만의 생활을 지배할 것이었음에도 불구하고 사실상 그러한 번역이 엄중히 금지되었습니다. 그 법전은 적국(敵國)에서 작성되었습니다. 콜럼버스가 미

---

32) 로빈기어, "日本民法改正私案", 「法政」 제2권제2호(1947.2), 4면 이하; 로빙기어, "한국민법 제정의 방향", 崔鍾庫 편역, 「西洋人이 본 韓國法俗」(1989), 206면 이하(이하 인용은 이에 따른다).

33) 로빈기어, 위의 논문, 206면.

국을 발견한 지 1세기 전에 조선을 군력으로 침입하였으며 그 후 조선인의 정복과 지배를 음모하여 온 나라에서 제정되었습니다. 그 법전은 독일민법이 공포되기도 전 또는 법전에서 신시대가 시작되기도 전, 즉 거의 반세기 전에 작성되었습니다. 그뿐만 아니라 조선인은 그 민법의 작성이나 제정이나 조선에 있어서의 시행에 관계한 일이 없으며 그 제정자들은 아무도 그 민법을 조선에 시행하리라는 아무 생각도 없었습니다. 그러한 상태 아래에서 민법이 조선에 시행된 것은 오히려 부자연한 현상이었을 것입니다. 조선은 침략국의 시대착오인 산물에 근거하지 않고 세계의 최신최량의 모본에 기초해서 조선 자체의 민법을 제정해야 하겠습니다."[34]고 하였다.

(b) 현대 진보국가의 완전한 법제제도는 어떻게 되어 있는가: 이에 대하여 로빈기어는 현대법전의 개요를 공법과 사법으로 나누고, 공법은 다시 정치적인 것으로 헌법적인 것에 헌법, 보충입법을 들고, 형법을 들며, 구체적인 것으로 사법적인 것에 형사소송(수속)법, 민사소송(수속)법을 들고서 행정법을 들고 있다. 사법은 민법으로 상법 및 노동법을 포함하고 있다는 개요표를 들고 있다.[35] 이와 같은 개요표에서 "민법은 사법에만 제한된 유일의 법전, 즉 개인과 개인 상호간의 관계를 지배하는 사법에만 유일한 법전"[36]이라고 하면서, 민법에 대하여 "어떤 나라의 민법은 개인의 사적 사무를 규정하는 법을 구체화하여야 할 것이다. 즉 개인의 가정관계, 그의 동료와의 관계에 있어서의 권리와 의무, 그의 재산, 사후의 재산처

---

34) 로빈기어, 위의 논문, 206~207면.
35) 로빈기어, 위의 논문, 207면.
36) 로빈기어, 위의 논문, 207면.

분 - 요컨대 개인이 가장 직접적으로 관련된 사건을 규정하는 법을 구체화하여야 할 것이다."37)고 설명하고 있다.

(c) 민법법전의 필요요건은 무엇인가: 이에 대하여 로빈기어는 "현대적 수준에 의하면 법전은 다른 통상의 입법과 분별되는 세 가지 특성을 구비하여야 할 것이다. 즉 (1)은 그 법전이 취급하는 주제를 지배하는 현행법을 포함하는 완전성 혹은 총괄성, (2)는 논리적이며 과학적이며 동시에 편리한 조직 또는 배치, (3)은 한편 용담 (冗談)을 피하며 다른 한편 애매성을 피할 명백하고 간단한 용어법, 이상 세 가지 특성을 구비하여야 할 것이다."38)고 하였다.

첫째로, 민법전의 완전성 혹은 총괄성에 대하여, 로빈기어는 먼저 법전에 적용되는 격언이나 법칙을 포함시키는 것에 대하여 말하기를 "본인은 이러한 것이 어느 단일 법전에 적합하다고 생각지는 않습니다."39)고 함으로써, 부정적인 태도였다. 다음으로 기술적 전문술어에 대하여 "여러 가지 기술적 전문술어는 모든 법전에 공통되는 것입니다. 그러한 술어의 정의를 각 법전에 포함하는 것은 중복일 것이며 정의나 원리 등은 전체에 적용되도록 작성되어야 할 것입니다."40)고 하면서, "어떠한 특수한 법전에 특유한 정의는 그 법전 속에 정의하는 용어가 제1차로 사용되는 곳에 명기되어야 할 것입니다."41)고 하였다.

---

37) 로빈기어, 위의 논문, 207면.

38) 로빈기어, 위의 논문, 208면.

39) 로빈기어, 위의 논문, 209면.

40) 로빈기어, 위의 논문, 209면.

41) 로빈기어, 위의 논문, 209면. 이와 관련하여 입법례로서 1세기 전의 뉴욕 주의 필드법 전(Field Code)에 기초한 1972년의 캘리포니아 민법을 들고 있다.

한편 상법을 민법과 따로 규정하는 것에 대하여, 로빈기어는 회사법을 민법에 편입하기에 너무 길다는 반대가 있었지만, "조선에 현대적 법전을 작성하려면 반드시 필요한 모든 법이 포함되도록 하여야 하며 또 그 모든 법이 그 장단여하에 불구하고 논리적으로 귀결되는 곳에 속하도록 하여야 할 것입니다."[42]고 하면서, "상업에 국한하여 별개의 법전을 작성한다는 관념 전체가 이제는 시대착오의 관념이 되었습니다."[43][44]고 부정하였다. 따라서 로빈기어는 민상법통일법전을 예정하고 있음을 알 수 있다.

또한 민법이나 상법에 절차에 관한 법을 규정한 것에 대하여, 로빈기어는 "재판지(재산소)와 구제절차(소송), 당사자변론, 재판, 증거, 판결, 집행 등에 관한 규정이 포함되어 있습니다. 시효에 관한 조문은 거의 각 장에 포함되어 있지만은 일본법전 편찬자들은 시효의 두 형태에 아무런 구별도 규정하지 않았습니다(제1편제4장)."[45]고 지적하면서, 제1편제6장 제1절 전부 및 제2절의 대부분은

---

42) 로빈기어, 위의 논문, 211면.

43) 로빈기어, 위의 논문, 212면. 이와 관련하여 중국법전 편찬자들의 말을 인용하고 있다: "본법전의 범위는 민법 및 상법 양 법전을 포함하도록 확장하여 그 법규가 민사 및 상사 양 사건에 적용되도록 하였다. 법학도 일반이 주지하는 바와 마찬가지로 민법과 상법의 구별은 유럽에 기원을 둔 역사적 원인에 의한 것인데, 예를 들면 상인계급에 있어서 전통적으로 그 계급 자체의 특수한 관습을 유지하며 또 상사재판소가 있어서 이 법정에서는 상사만을 판결하게 되었던 것이다. 또한 여러 나라에 있어서 또 한 가지 이유로 파산수속은 다른 사적 개인들을 제외한 상인들에게 대해서만 적용되었다."고 하면서, 그러한 이유가 중국에는 존재하지 않는다는 것이다.

44) 로빈기어는 제1필리핀 법전위원회의 부위원장으로 있을 때에 시대착오인 스페인 상법을 민법에 합병시키기를 제안하였음을 회고하였다. 로빈기어, 위의 논문, 216면.

45) 로빈기어, 위의 논문, 215면. 이와 관련하여 중국 평론가의 논평을 인용하고 있다.: "취득시효란 시간의 경과에 의한 권리의 취득이다. 즉 취득시효는 소유권 획득이지만은 소멸시효는 그렇지 않다. 소멸시효란 다만 의무소멸의 한 양태에 불과한 것이며 소멸시효는 출소기한의 원칙에 기초를 둔 것이다. 취득시효는 사실상 소유권 획득의 한 양태이기 때문에 '물권'하에 취급되어야 할 것이다. 취득시효를 소멸시효와 함께 나란히 지배하는 것 다시 말하면 후자, 즉 소멸시효는 '채권'에 관한 것인데 따라서 '물권'에

민사소송법으로 이전하여야 하리라고 생각된다[46]고 하였다.

끝으로 로빈기어는 일본민법에는 이미 역사를 통하여 공인된 계약(담보권자가 목적물에서 생긴 수입을 획득하여 부채에 적용함)이나 usufruit(用益)(타인의 재산을 사용하여 그 결실을 획득하는 권리)에 관하여 아무런 논급도 없다는 지적을 하면서, 이 양자는 중국민법과 기타 대부분이 민법에 규정되었음을 들고 있다.[47]

둘째로, 민법전의 배치 또는 조직에 대하여, 로빈기어는 "일본민법에는 다음과 같은 편이 있습니다. 즉 제1편 총칙, 제2편 물권, 제3편 채권, 제4편 친족, 제5편 상속입니다. '총칙'의 대부분은 그 이하 각 편 중 하나에 속합니다. '인(人)'에 관한 제1, 2장이 분명히 그러하고, '물(物)' 재산에 관한 제3장이 그러합니다. 제4장은 대리라는 제3절을 포함하였는데 이 부분은 대리법 위임에서 교대로 빼 온 것으로 보입니다. 제6장에는 시효를 논하였는데 이미 논급한 바와 같이 취득시효는 제4편 재산에 속하며 소멸시효의 적합한 장소는 민사소송법일 것입니다. 몇 개 남지 않은 규정은 다 기타의 3편으로 이전할 수 있을 것입니다. 따라서 2항 이하에(?) 표시한 이유 이외에는 총칙만으로 딴 1편을 만들 필요가 없으리라고 본인은 생각합니다."[48]고 하였다. 또한 자연인에 관한 규정에 대하

관한 것이라고 판단한 것은 법률가의 착각이었다. 일본민법은 이 양자를 함께 취급함에 있어서 불란서 민법에 오도되었던 것이다. 자비니(Savigny)의 논리적 귀결을 따라 독일민법에서는 소멸시효를 '총칙'하에 규정하고 취득시효는 「물권법」하에 취급하였다. 우리의 이전의 민법초안은 맹목적으로 일본민법을 복사하였으나 현행민법은 독일의 예를 따라 개정하였다."

46) 로빈기어, 위의 논문, 215면.
47) 로빈기어, 위의 논문, 216면.
48) 로빈기어, 위의 논문, 217면.

여, "일본 민법에 있어서는 자연인에 관한 법률 거의 전체를 포함해서 친족법이 딴 1편이 되고 민법전 마지막으로부터 둘째 편이 되어 있습니다. 그러나 친족법은 '인'법의 가장 중요한 부분인데 어찌 그렇게 분리되어 있겠습니까?"[49]라고 비판하였다. 그리고 상속법에 대하여 "일본 민법에 있어서 또 하나 전형적인 그릇된 배치를 제5편(상속)에서 볼 수 있습니다. 이 주제는 단일한 계속적 절차, 즉 사망자의 재산 처치를 규정하는 법규 일책(一策)이기 때문에 특히 연대적 취급을 잘 수용할 수 있습니다. 일본 민법은 59항을 써서 7장을 편집하였습니다. 그리고 이 절차에 있어서 '유산분할'은 최후의 계급이지만은 그 논제는 민법을 3분하는 제1부에 속하는 제2장에서 시작되었습니다."[50]고 하면서 상속법의 배치를 설명하였다.

셋째로, 민법전의 용어법에 대하여, 로빈기어는 "일본 민법은 적어도 번역문에 의하면 다언이며 반복되는 경우가 많은 것 같습니다."[51]고 비판하고, 로마 12표법이나 나폴레옹법전을 들면서 "이제 우리는 그러한 고전 법전들의 표준에 돌아가 새 법전들도 불란서 법전과 같이 간명하게 하여 일반원칙을 포함하여 상세한 적용은 법정에 위임하도록 하여야 할 것이라고 본인은 생각합니다."[52]고

---

49) 로빈기어, 위의 논문, 217면. 이와 함께 로빈기어는 독일법전의 총괄성을 매우 존중히 여긴다면서도 그 배치에 결점이 있다는 것을 지적하였다.

50) 로빈기어, 위의 논문, 218면. 이와 함께 일본의 법전편찬자들이 잘스필드(Sarsfield) 박사의 안을 연구하였더라면 오히려 유익하였으리라고 부언하였다.: "사람의 일생에 따라 출생서부터 생활을 통해 가정 내에는 가족의 일원으로 연구하고 능력의 요소를 연구하며 사람과 재산과의 관계를 취급하고 사람의 죽음의 법률적 효과를 분석함으로 종말을 지을 수 있을 것입니다."

51) 로빈기어, 위의 논문, 216면.

52) 로빈기어, 위의 논문, 219면.

하면서, "우리는 다변을 피하고 또 일어날 모든 점에 관하여 입법하려는 경향을 피하여야 할 것입니다."[53]고 하였다. 한편 조문의 표현에 대하여 "또 하나 다른 표현의 결함은 어떤 조문에는 편리한 주제를 편입하면서 또 다른 곳에는 한 주제를 분리하여 2, 3개조에 떼어 놓았다는 점입니다. 각 조문이 될 수 있는 한 완전하여야 할 것이라고 본인은 믿습니다."[54]고 하였다.

(d) 민법법전은 어디에서 그 연원과 전형을 찾을 것인가. 이에 대하여 로빈기어는 "조선인들은 어디서 그 대신할 모본을 찾을 것인가?"의 질문을 던지고, 그 해답으로 "나는 20세기의 새 법전들을 들겠습니다. 그 대부분이 그전의 법전 등에 비해서 현저한 개선을 보았습니다. 우선 나는 조선의 가장 가까운 인방(隣邦) 그리고 가장 오랜 스승, 이전의 소위 '중국', '원동(遠東)의 로마'에 주의를 환기하겠습니다. 1935년에 중국 국민정부는 새 민법을 공포하였습니다. 중국 민법도 역시 독일의 전형을 기초로 하였지만은 또한 그간에 현출한 다른 민법들도 사용하였습니다. 입법원은 비교의 요소로써 1897년의 독일 상법, 1888년의 스위스 채권법(1911년 개정), 1898년의 일본 민법 및 1899년의 상법(1911년 개정), 1922년의 소련 민법, 1923년-1925년의 심라국 상법 및 민법, 1926년의 터키 채권법 및 상법, 1925년의 이태리법전 개정초안, 1927년의 프랑크이태리 통일법전 초안을 사용하였다고 발표하였습니다.[55] …스위스

---

53) 로빈기어, 위의 논문, 219면.

54) 로빈기어, 위의 논문, 219면.

55) 이와 함께 로빈기어는 Cheng 판사는 현재의 법전을 중국의 사회상태에 특히 적응시킨 독일 민법 및 스위스 법전의 혼합물이라고 칭하였음을 들고 있다. 로빈기어, 위의 논문, 220면.

법전은 독일 법전보다 일보 개량된 것이라고 설정되었으며 헝가리
법전도 있었습니다. 그리하여 이상에 진술한 전부가 중국 법전의
준비에 사용되었고 중국 법전은 또한 동양으로 중국 관습법[56]에
가장 적응할 것으로 보류할 의도하에 편찬되었습니다. …조선을 위
해서 새 법률을 편찬하려는 이때에 조선의 오랜 훈장(訓長)인 중국
의 최근의 법률적 소산을 될 수 있는 대로 이용하며 따라서 기존의
일본 민법 위에 개량할 특징들을 탐색하는 것은 필수불가결의 일
이 아니라면 적어도 적의(適宜)한 일일 것입니다."[57]고 함으로써
중국 법전을 들었다. 그 밖에도 로빈기어는 소련 결혼법(1926년),
필드법전(Field Code), 캘리포니아 민법(최신판) 등을 들고 있다.[58]

(e) 要約: 새로운 법전으로의 민법전 편찬

이상과 같은 로빈기어의 논문을 통하여 그의 민법학은 무엇이었
는가를 알 수 있다. 특히 그는 미군정시대에 미군정청의 중요한 사
업인 우리나라의 민법전을 편찬하는 주무를 담당한 사람으로 어떠
한 민법전을 편찬할 것인가[59]를 명백하게 밝히고 있다. 즉 민상법
통일법전으로, 민법전 3분화에 의하여, 법률관계에 따른 완전적 체

---

56) 특히 관습법에 대하여 로빈기어는 다음과 같은 인용을 하고 있다.: "장래에 있어서 현
   재의 경계를 넘어 확충할 관습법의 법역이 합리적 가능성을 이루지 못하는 것 같이 보
   이는 것은 어쩌면 유감스러운 사실이다. 이 현재의 경계는 영어를 말하는 정부들의 세
   계를 아무 데서도 넘어가지 못하고 있다. 그러나 이러한 현상은 우리들이 법전화하지
   않은 법의 특전을 향유하기 위하여 즐겨 지불하는 보상의 일부분이다." 로빈기어, 위의
   논문, 221면.
57) 로빈기어, 위의 논문, 219~220면.
58) 로빈기어, 위의 논문, 221~222면.
59) 이에 대하여 미국 국회도서관 동양부장인 아더 홈멜(Hummel, Arthur W.)이 "조선법전
   초안을 작성하면서 귀하가 얼마나 중요한 사업을 하고 있다는 것을 나는 깨달았습니
   다. 이러한 사업은 그 나라의 법제사에 한 이정표로서 언제나 기념될 것입니다."(로빈
   기어, 위의 논문, 222면)고 하였듯이, 우리나라의 중요한 사업이었음을 그는 잘 알고
   있었다 할 것이다.

계화를 주장하였다. 특히 중국 민법을 모본으로 할 것을 들었다.[60]

제4절 韓國民法典編纂과 民法學:
英美法系와 大陸法系의 衝突

1. 美軍政廳 法典起草局의 韓國民法典草案:
英美民法學의 結實

(1) 韓國民法典編纂의 基本指針

이미 본 바와 같이 미군정기의 미군정청에서는 법전기초국을 중
심으로 한국민법전편찬사업을 전개하였다. 미군정청 법전기초국의
고문관 주석인 로빈기어(Lobingier, C.)는, 그의 논문 "日本民法改正
私案"[61]에서 설명된 바와 같이, 민법전편찬의 기본방향을 ① 그
법전이 취급하는 주제를 지배하는 현행법을 포함하는 완전성 혹은
통괄성, ② 논리적이며 과학적이며 동시에 편리한 조직 또는 배치,
③ 일방 용담을 피하며 타방 애매성을 피할 명백하고 간단한 용어
법으로 설정하였다. 이와 같은 기본지침에 의하여 이뤄진 한국민법
전초안(Proposed Civil Code for Korea, 1949)이 미국 국회도서관에

---

60) 이와 함께 로빈기어는 "중국은 그 기념품으로 그 문화와 문명을 남기었습니다. 일본은
    도로 교량 같은 어떤 물질적 성과 이상에 별로 남긴 것이 없습니다."라고 평가하였다.
    로빈기어, 위의 논문, 222면.
61) 로빈기어, 위의 논문, 「法政」, 제2권제2호(1947.2), 4면 이하; 로빙기어, "한국민법 제
    정의 방향", 崔鍾庫 편역, 「西洋人이 본 韓國法俗」(1989), 206면 이하.

서 발견[62]됨에 따라서 그것이 로빈기어의 사안에 불과한 것인가에 대하여 논의될 여지는 있지만, 해방된 뒤에 한국민법전편찬사업이 미군정청의 주요사업이었고 그가 법전기초국 고문관 주석의 위치에서 이뤄진 점을 볼 때에 개인적인 사안으로 단정하기는 어렵다고 보인다.

(2) 韓國民法典草案의 內容分析

한국민법전초안(Proposed Civil Code for Korea)은 미군정청 법전기초국의 법전편찬지침에 따라서 이뤄진 것으로서 그 내용을 분석하면 다음과 같다.[63]

---

62) 이에 대하여 상세한 내용과 해제는, 尹大成, "美軍政時代(1945 - 1948)의 韓國民法典 編纂事業과 로빈기어의 <韓國民法典草案>에 관한 硏究"(1997.6), 412면 이하 참조.

63) 이하는 필자가 미군정시대(1945 - 1948)의 한국민법전편찬사업과 로빈기어의 <한국민 법전초안>에 관한 그동안의 연구를 통하여 얻은 결과에 따르고자 한다. 참고로 필자 의 선행논문을 소개하면, 尹大成, "로빈기어의 韓國民法典草案과 傳貰權", 「논문집」, 제15권(창원대학교, 1993); 동, "로빈기어의 韓國民法典草案과 物的擔保法의 體系", 「논문집」, 제16권(창원대학교, 1994); 동, "韓國民法典編纂에 미친 英美法의 影響: 美 軍政時代(1945 - 1947)의 民法典編纂과 로빈기어(Lobingier, C.)의 韓國民法典草案 (Proposed Civil Code for Korea)을 중심으로", 「비교사법」, 창간호(한국비교사법학회, 1995); 동, "로빈기어 韓國民法典草案의 體系的 分析", 「경남법학」, 제11집(경남대학 교 법학연구소, 1995); 동, "美軍政時代(1945 - 1948)의 韓國民法典編纂事業: 法律顧 問官의 役割을 중심으로", 「헌법학과 법학의 제문제」(효산 김계환교수화갑기념), (서 울: 박영사, 1996); 동, "로빈기어의 韓國民法典草案과 캘리포니아州民法典과의 比較", 「현대민법학의 신전개」(범주 이영환교수정년기념), (부산대학교 법학연구소, 1997); 동, "美軍政時代(1945 - 1948)의 韓國民法典編纂事業과 로빈기어의 <韓國民法典草案> 에 관한 硏究"(1), 「比較私法」, 제4권제1호(1997.6.); 동, "로빈기어의 <韓國民法典草 案>과 美國 캘리포니아州 民法典에 있어서의 契約法", 「民事法學의 諸問題」(允聲 嚴英鎭敎授華甲紀念), (1997.11.); 동, "로빈기어의 <韓國民法典草案>과 美國 캘리 포니아州 民法典에 있어서의 不法行爲法", 「民法의 課題와 現代法의 照明」(耕巖 洪 天龍博士華甲紀念)(1997.11.); 동, "美軍政時代(1945 - 1948)의 韓國民法典編纂事業 과 로빈기어의 <韓國民法典草案>에 관한 硏究"(2), 「比較私法」, 제4권제2호(1997.12.); 동, "로빈기어의 <韓國民法典草案>과 캘리포니아州 民法典에 있어서의 婚姻法", 「法 學의 現代的諸問題」(德岩 金柄大교수화갑기념), (1998.2.); 동, "로빈기어의 <韓國民 法典草案>과 캘리포니아州 民法典에 있어서의 婚姻法의 比較", 「社會科學硏究」,

첫째로, 한국민법전초안의 체계적 분석을 한 결과에 의하면, 당시의 민법전에 관한 많은 입법례를 참조하여 규율하려는 법률관계를 지배할 수 있도록 완전하고 통괄적인 법전으로 제정하려 하였음을 알 수 있다. 따라서 그 편별방식은 프랑스 민법전에 따라 민법전 3분화의 형식을 취하였음을 알 수 있다. 이것은 독일민법전을 바탕으로 한 일본민법전을 벗어나서 당시 최근의 법전을 모두 섭렵하여 시민으로서의 생활에 있어서 발생할 법률관계를 중심으로 편리한 조직과 배치를 하고 그 용어법에 있어서도 명백하고 간결하게 하고자 하였음을 알 수 있다.[64] 특히 로빈기어의 한국민법전초안과 미국 캘리포니아주 민법전과 비교를 통하여 두 민법전의 체제와 편별에 있어서 한국민법전초안은 제1편 인, 제2편 채권, 제3편 물권 및 제4편 재산상속으로 하였으나, 미국 캘리포니아주 민법전은 제1편 인, 제2편 물권, 제3편 채권 및 제4편 총칙으로 되어 있음을 알 수 있었다. 따라서 미군정청의 한국민법전초안은 영미법(특히 미국법)을 대폭 수용하고자 하였음을 확인할 수 있다.[65]

둘째로, 한국민법전초안의 규정내용을 분석한 결과에 의하면 다음과 같다. 즉 제1편 인(Person)에 자연인(Natural)과 법인(Juristic Person)으로 나눠서 규정하였다. 자연인에 대하여 다시 권리능력(Legal Capacity), 친족관계(Kinship), 가(Household or Clan), 혼인(Matrimony), 친자(Parantage), 후견(Tutelage) 및 부양(Maintenance)을 규정하였고, 법인에 대하여 다시 총칙(General Provisions), 책임(Liability), 종류로서 국내회사(Domestic Corpo-

제4집(창원대학교 사회과학연구소, 1988.3.) 등이 있다.

64) 尹大成, 위의 논문(1997.12), 383면.

65) 尹大成, 위의 논문(1997.12), 384면.

ration)와 외국회사(Foreign Corporation), 농업협동조합(Agriculture Coopera-tive Association), 재단(Foundation)을 규정하고 국내회사에 회사법에 관한 규정을 포함하고 있다.[66] 제2편 채권(무)(Obligations)에 총칙(Provisions Common to All)과 각종의 채권(무)관계(Kinds of Obligations)로 나눠서 규정하였다. 총칙에 대하여 다시 본질(Nature of Obligations), 종류와 당사자(Classes and Parties), 양도(Assignment or Transfer), 해석(Interpretation), 이행과 소멸(Discharge and Extinction)에서 동의의 결핍(Lack of Consent), 이행(Performance), 불능(Impossibility), 전문가철회(Experts Rescission), 합의 (Agreement), 상계(Compensation / Set off), 법의 적용(Operation of Law), 파산(Bankruptcy)을 규정하였고, 각종의 채권(무)관계에 대하여 계약(Contra-ctual), 준계약(Quasi - Contractual), 불법행위(Delictual) 및 준불법행위(Quasi - Delictual)로 나눠서 규정하였다. 먼저 계약에 대하여 본질과 성립 (Nature and Formation), 당사자(Parties), 특수형태의 계약(Particulary Forms of Contracts), 그 밖의 담보계약(Other Security Contracts), 매매(Purchase and Sale), 임대차(Leases), 고용과 용역(Employment and Services / Labor Law), 위임(Mandate / Agency), 조합(Partnership) 및 유가증권(Negotiable Instruments)을 각각 규정하였다.[67] 특히 특수형태의 계약에 증여(Gift / Donations), 교환(Exchange / Butter), 소비대차(imtuum / Defered Batter), 사용대차(com-modatum / Loan for Use) 및 임치(deposit / Bailment)를 규정하고, 임치에 총칙과 특수한 형태의 수탁자를 나누고 특수한 형태의 수탁(special types of depositaries)에 숙박업자, 창고업자 및 운송업자를 포함하여 규정하였다.[68] 따라서 접객업뿐만 아니라 운송업에 관한 규정을 포함하고 있다.

---

66) 尹大成, 위의 논문(1997.6), 415~419면.
67) 尹大成, 위의 논문(1997.6), 422~423면.

물적담보계약(Pignorative / Pledge Contracts)에 대하여 총칙, 동산질권(ple-dge / pignus / pawn of movables), 저당권(hypotheca / mortgage), 전세권(anti-chresis / Chinese Dien), 환매(sale with right of redemption) 및 유치권(possessory liens / right of retention)을 각각 규정하였다.[69] 여기에서 전세권을 물적담보계약에 포함시킨 것은 주목할 만한 것이다. 그 밖의 담보계약(Other Security Contracts)에 대하여 선취특권(Non-possessory Lien), 보증(Suretyship) 및 보험(Insurance)을 나누고, 선취특권에는 선박(maritime)과 임금선취특권(hireallowance lien)을 규정하고, 보험에는 해상보험(marine insurance), 화재보험(fire insurance), 생명보험(life and health insurance), 년금(annuities), 운송보험(transport insurance) 및 신원보증보험(fidelity insurance)을 규정하였다.[70] 따라서 보험법을 포함하고 있다. 고용과 용역에 대하여 노동법을 포함하였다.[71] 위임에 대하여 특수한 형태로 중개업(Brokerage), 상업사용인(Commecial Agents), 위탁판매업(Commission Agents or Factors) 및 지배인(Managers)을 포함하였다.[72] 유가증권에 대하여 어음수표법을 포함하고 있다.[73] 다음으로 준계약에 대하여 사무관리(voluntary services)와 부당이득(undue enrichement), 유실물의 회복(recovery of lost mavables) 등을 규정하였다.[74] 그리고 불법행위에 대하여 각종의 불법행위로 신체상해(injuies to person), 명예훼손(injuries to reputation) 및 재산침해(injuries to property)를 규정하고 있다.[75] 끝으로 준불법행위에

---

68) 尹大成, 위의 논문(1997.6), 423면.

69) 尹大成, 위의 논문(1997.6), 423~424면.

70) 尹大成, 위의 논문(1997.6), 424면.

71) 尹大成, 위의 논문(1997.6), 425면.

72) 尹大成, 위의 논문(1997.6), 426면.

73) 尹大成, 위의 논문(1997.6), 426면.

74) 尹大成, 위의 논문(1997.6), 426~427면.

대하여 국가(State), 감독자(Supervisors), 동물의 소유자, 조련사와 보호자 (Owner, correctors and custodians of animals) 및 건물 등의 소유자와 점유자(Owners and occupants)를 규정하였다.[76] 제3편 물(재산)권(Property / Real Right)에 대하여 본질(Nature)과 종류(Classes)로 나눠서 규정하였다. 물권의 종류에 대하여 소유권일반(As to Dominium / Incorporal Property), 유체재산권(Corporeal Property)과 무체재산권(Intangible / Incorporeal Property)를 규정함으로써, 오늘날의 지적재산권 또는 산업재산권을 포함하고 있다.[77] 제4편 재산상속(Succession to Person)에 대하여 유언의 유무에 따라서 무유언상속(Intestate)과 유언상속(Testamentary)로 나눠서 규정하였다.[78]

(3) 評價 : 英美民法學의 結實

이상에서 본 미군정기의 미군정청 법전기초국에서 마련한 한국민법전초안은 한마디로 말하면 영미민법학의 결실이었다고 볼 수 있다. 이와 같이 해방 후 우리나라에서 미군정청이 한국민법전편찬사업을 비록 짧은 기간이지만 추진함으로써 독립국가로서 독자적인 민법전을 가질 수 있는 계기가 촉진되었다고 할 것이다. 그러나 일제지배기를 거치면서 대륙법에 잘 길들여진 한국 측 법률가들은 쉽게 받아들일 수 없는 것이었다. 더욱이 미군정시대의 군민연합정부시기에 이르러 1947년 6월 30일 남조선과도정부(South Korean Interim Government)[79] 행정명령 제3호에 의하여 법전기초위원회가

---

75) 尹大成, 위의 논문(1997.6), 427면.
76) 尹大成, 위의 논문(1997.6), 427면.
77) 尹大成, 위의 논문(1997.6), 428~429면.
78) 尹大成, 위의 논문(1997.6), 430~431면.

설치됨에 따라[80] 미군정청에서의 한국민법전초안은 새로운 논의에 부딪히게 되었다. 그럼에도 불구하고 미군정청의 한국민법전초안을 중심으로 한 한국민법전편찬사업은 남조선과도정부의 법전기초위원회에 이어졌기 때문에 역사적 연속성을 부인할 수 없을 것이다.

2. 南朝鮮過渡政府 法典起草委員會의 朝鮮臨時民法典編纂要綱 : 大陸民法學으로의 回歸

(1) 法典起草委員會의 構成과 活動

남조선과도정부 행정명령 제3호(1947.6.30.)에 의하여 설치된 법전기초위원회는 "민권, 재산권, 친족관계, 상업관계, 범죄의 처벌, 법률의 시행 및 사법행정의 여러 절차에 관한 현대법에 대체하여 채용될 기초법전의 완전한 초안을 작성할 사명"을 가졌다. 그러나 이 위원회의 구체적인 활동상황을 자료에 의하여 확인할 수 없다. 다만 제1차 회의는 언제 있었는지 알 수 없고, 제2차 회의에서 처무규정을 마련하였다. 이에 따라 법전기초위원회는 민법전편찬의 각 분과위원회를 구성하였다.[81] 그 내용을 보면, 민법 제1분과위원회는 총칙과 재산법을 담당하고, 그 위원으로 사법부 및 법원의 소속인 張暻根(총칙), 姜炳順(물권), 權承烈(채권), 梁大卿과 검찰청의 소속인 玉璿珍, 변호사 기타로 崔丙柱가 위촉되었다. 민법 제2분과위원

79) 鄭容郁, 위의 논문(1996.2), 120면 이하 참조.
80) 尹大成, 위의 논문(1997.6), 402면.
81) 尹大成, 위의 논문(1997.6), 402~403면.

회는 신분법을 담당하고, 그 위원으로 사법부 및 법원의 소속인 張曉根(친족), 金瓚永, 朴彝淳과 검찰청의 소속인 金永烈, 변호사 기타로 高秉國(상속)이 위촉되었다. 이 위원 가운데 張曉根, 姜炳順, 權承烈 및 高秉國은 기초위원, 연락위원 및 조직소위원에 해당하였다.[82] 이 위원회의 구성에서 보는 바와 같이 위원들의 대부분이 실무가였다는 점과 민법전을 총칙, 물권, 채권, 친족 및 상속의 5편으로 나누고 각 편마다 1인의 기초위원을 두었다는 점이 주목된다. 이를 통하여 법전기초위원회가 한국민법전을 어떻게 편찬하고자 하는가를 유추할 수 있기 때문이다. 그러나 이 법전기초위원회는 구성을 보았지만 '동면상태'로 지내다가,[83] 1948년 4월 20일에 제3차 회의가 있었다. 이 회의에서 "사법당국으로부터 법전편찬위원회의 급속진전이 역설되었다."[84]고 보고되었을 뿐이다.

한편 법제편찬위원회는 1947년 10월에 각 법률의 기초를 위하여 10개의 분과위원회를 법원, 검찰청 및 변호사 기타인 자로서 구성하기로 결정하였던 것이다.[85] 그러나 민법전의 기초를 담당한 인적 구성을 보면, 앞에서 본 바와 동일하게[86] 구성되었다.

---

82) 그러나 이 부분에 대하여 검증이 요구되는 것을 필자는 다른 논문에서 지적하였다. 왜냐하면 鄭鍾休 교수는 민법전편찬을 위한 분과위원회가 '법제편찬위원회 민법분과위원회'로 보면서, 법전기초위원회가 곧 법제편찬위원회로 개칭된 것이라고 하기 때문이다(鄭鍾休, 「韓國民法典の比較法的研究」, (東京: 創文社, 1988), 147~148頁 참조). 또한 위원 가운데 몇 사람은 조미법률가협회의 회원임도 확인할 수 있다.

83) 자료, "法政뉴스", 「法政」, 제2권제11호(1947.11), 36면.

84) 曉堂學人, "法典編纂에 대하여", 「法政」, 제3권제6호(1948.6), 10면.

85) 자료, "法政뉴스", 「法政」, 제2권제11호(1947.11), 36면.

86) 이 부분은 앞에서도 지적한 바와 같이 검증을 요하는 것이지만, 韓國法制研究會 편, 「美軍政法令總覽(國文版)」(1971)에 의하면 '법전기초위원회'만으로 나타나고 있으며, 이 분과위원회의 구성도 자료 "法政뉴스", 「法政」, 제2권제11호(1947.11), 36면에 '법제편찬위원회민법분과위원회'로 되어 있기 때문이다. 그러나 이 부분에 대하여 필자는 다른 논문을 통하여 법전기초위원회 위원이었던 張厚永의 증언인 "현재 소위 법제편

그렇다면 남조선과도정부 법전기초위원회는 어떠한 한국민법전을 편찬하고자 하였는가.

(2) 朝鮮臨時民法典編纂要綱의 內容分析

남조선과도정부 법전기초위원회에서 마련한 조선임시민법전편찬요강[87]은 총칙요강과 물권법요강만을 발견할 수 있다. 총칙요강과 물권법요강을 중심으로 그 내용을 분석하면 다음과 같다.

1) 總則要綱

자료에 의하면, "朝鮮臨時民法을 制定함에 있어서 大陸法系의 시스템을 취하며, 주로 獨逸民法에 근거한 現行民法 總則編의 규정을 基礎로 하되 現下 世界文明各國의 立法 及 學說과 우리나라의 實情에 鑑하여 위선 필요한 限度에 있어서 左와 如히 規定을 改正 又는 新設함을 要함."이라고 하였다.[88] 이를 보면 조선임시민법전편찬은 대륙법계의 시스템을 취한다는 것을 선언하고, 독일민법에 근거한 일본민법의 규정을 기초로 하지만 당시 세계문명국가의 입법 및 학설과 우리나라의 실정에 비춰서 우선 필요한 한도에 국한하여 개정 또는 신설을 하고자 함을 알 수 있다.

그 총칙요강의 내용을 보면, 민법 전체에 걸친 대원칙(통칙), 행

찬위원회라는 것이 행정명령에 의하여 조직되어 있으나 그 실질에 있어서는 이렇다 할 아무런 진척도 주고 있지 않다."를 분석한 결과를 들어서 법제편찬위원회와 법전기초위원회는 동일한 것으로서 행정명령 제3호에 의한 공식명칭은 법전기초위원회이지만, 이를 법제편찬위원회라고 호칭한 것으로 검증결과를 발표한 일이 있다. 尹大成, 위의 논문(1997.6), 404면.

87) 자료, "朝鮮法制編纂委員會起草要綱(3)", 「法政」, 제3권제8호(1948.8.) 41면; 尹大成, 위의 논문(1997.6), 410면 이하.

88) 尹大成, 위의 논문(1997.6), 410면.

위무능력자제도, 동시사망제도, 법인, 법률행위의 해석, 의사표시, 공동대리, 소멸시효와 취득시효에 관한 것으로 나눠진다.

첫째로, 민법전체에 걸친 대원칙(통칙)에 대하여, "民法全體를 總한 大原則(通則)으로서, (一) 慣習法 及 條理의 補充的 效力을 規定하고(法例 제2조 참조), (二) 權利의 行使에 관하여 權利濫用의 法理를 成文化하며, 同時에 義務의 履行에 관하여 信義誠實의 原則을 일반적으로 鮮明하는 規定을 세울 것"이라 하였다.[89]

둘째로, 행위무능력자제도에 대하여, "(2) 行爲無能力者로서는, 未成年者, 禁治産者, 準禁治産者의 3者만을 인정하고, 妻는 無能力者에 관한 總則의 규정에서 分離하여 그에 대한 적절한 能力制限은 婚姻의 效果로서 親族編에 적당히 規定할 것. (3) 準禁治産者의 行爲能力의 範圍를 적당히 고려하며, 그 保佐關係를 法定代理人으로 할 것. (4) 無能力者의 契約은 그 追認이 있을 때까지 相對方이 이를 撤回할 수 있도록 할 것"이라 하였다.[90] 특히 처의 능력에 관한 것이 주목된다.

셋째로, 동시사망제도에 대하여, "(5) 共同의 危難에 遭遇하여 死亡한 경우에 있어서 同時死亡의 推定의 규정을 둘 것"이라 하였다.[91]

넷째로, 법인에 대하여, "(6) 社團法人을 非營利法人, 非營利社人[營利法人, 非營利法人 - 필자 주]으로 분류하여 營利도 公益도 目的으로 하지 않는 團體를 民法上 法人으로 성립할 수 있게 할

---

89) 尹大成, 위의 논문(1997.6), 410면.

90) 尹大成, 위의 논문(1997.6), 410면.

91) 尹大成, 위의 논문(1997.6), 410면.

것. (7) 法人의 設立登記를 對抗要件으로 하지 않고 成立要件으로 할 것. (8) 理事의 法人에 대한 連帶責任을 규정할 것. (9) 財團法人의 寄附行爲의 變更方法을 규정할 것"이라 하였다.[92]

다섯째로, 법률행위에 대하여, "(10) 個人의 窮迫 輕率 無能力을 이용한 暴利行爲는 無效로 할 것. (11) 法律行爲의 總則的 規定으로서, 法律行爲의 해석은 信義誠實의 原則에 의하여 할 것을 規定 鮮明할 것"이라 하였다.[93]

여섯째로, 의사표시에 대하여, "(12) 意思表示에 있어서는, 表示主義에 치중하여 相對方의 利益을 보호하기 위하여 錯誤에 의한 意思表示를 取消할 수 있도록 할 것"이라 하였다.[94] 따라서 의사주의에서 표시주의로 전환하고자 하였음을 알 수 있다.

일곱째로, 공동대리에 대하여, "(13) 數人의 代理人이 있을 때의 各自代理의 原則을 鮮明할 것"이라 하였다.[95] 따라서 각자대리의 원칙을 취하고자 하였음을 알 수 있다.

여덟째로, 소멸시효에 대하여, "(14) 消滅時效 完成의 效果는 權利를 消滅시킬 수 있는 일종의 抗辯權을 발생하도록 할 것"이라 하였다.[96] 따라서 로빈기어와 같이 민사소송법에 규정하지 않고 민법에 규정하되 일종의 항변권으로 하고자 하였음을 알 수 있다.

아홉째로, 취득시효에 대하여, "(15) 取得時效의 규정은 總則編에서 제외하고 物權編 所有權取得에 규정할 것"이라 하였다.[97] 따

---

92) 尹大成, 위의 논문(1997.6), 410면.
93) 尹大成, 위의 논문(1997.6), 410면.
94) 尹大成, 위의 논문(1997.6), 410면.
95) 尹大成, 위의 논문(1997.6), 410면.
96) 尹大成, 위의 논문(1997.6), 410면.

라서 로빈기어가 지적한 바를 수용한 것으로 보인다.

2) 物權法要綱

조선임시민법전편찬요강에 의하면, 물권법에 있어서 물권법정주의, 물권행위 및 혼동에 관한 것으로 나뉜다.

첫째로, 물권법정주의에 대하여, "제1 物權法[定 – 필자 삽입]主義, 物權은 본법 기타의 法律에 규정한 이외에 이를 創設할 수 없음."이라 하였다.[98] 따라서 물권법정주의를 채택하면서 관습법을 제외시킨 것이 주목된다.

둘째로, 물권행위에 대하여, "제2 物權行爲, (一) 不動産에 관하여, ① 不動産에 관한 物權의 法律行爲에 인한 得喪變更은 登記를 함으로써 其 效力이 발생함. ② 判決, 競賣, 公用徵收, 相續 기타 法律의 규정에 인한 不動産에 관한 物權의 取得은 登記를 하지 아니하여도 그 效力을 발생함. 但 遺言에 의할 시는 此限에 있지 아니함. (二) 動産에 관하여, ① 動産에 관한 物權의 讓渡는 그 動産을 引渡함으로써 그 效力을 발생함. 但 讓受人이 이미 그 動産을 占有하고 있을 때에는 讓渡의 意思表示만으로써 그 效力을 발생함. ② 動産에 관한 物權을 讓渡하는 경우에 있어서 讓渡人이 그 動産의 占有를 계속할 때에는 讓受人이 間接占有權을 취득할 契約을 체결함으로써 動産의 引渡에 갈음할 수 있음. ③ 제3자가 占有하는 動産에 관한 物權을 讓渡하는 경우에 있어서는 讓渡人이 그 제3자에 대하여 가진 返還請求權을 讓受人에게 讓渡함

---

97) 尹大成, 위의 논문(1997.6), 410면.
98) 尹大成, 위의 논문(1997.6), 411면.

으로써 動産의 引渡에 갈음할 수 있음."이라 하였다.[99] 따라서 부
동산물권의 변동에는 등기를 효력요건으로 하되 예외를 인정하고
자 하였음을 알 수 있고, 동산물권의 변동에 있어서 인도를 효력요
건으로 하고 현실인도 이외에 점유개정과 반환청구권의 양도에 의
한 인도를 인정하고자 하였음을 알 수 있다.

셋째로, 혼동에 대하여, "제3 混同, 동일한 物件에 대한 所有權
과 기타의 物權이 동일한 主體에 귀속하였을 때는 기타의 物權은
消滅함. 但 그 物權의 존속에 관하여 所有者 또는 제3자가 法律
上의 利益을 가진 때는 消滅치 아니함. 前項의 규정은 所有權 이
외의 物權과 그를 目的으로 하는 다른 權利가 동일한 主體에 귀
속할 경우에 이를 準用함. 保留登記簿에 기재된 權利關係는 其
權利에 관하여 法律行爲를 한 者의 利益을 위하여 眞正한 것으로
看做함. 但 其 眞正함에 異議있다는 登記가 있을 때 또는 眞正치
않음을 알거나 또는 알 수 있었을 때에는 此限에 있지 아니함."이
라 하였다.[100] 따라서 물권의 소멸원인으로 혼동을 규정하고자 하
였음을 알 수 있다.

(3) 要約 : 大陸民法學으로의 回歸

이상에서 본 바와 같이 남조선과도정부 법전기초위원회는 미군
정청 법전기초국이 한국민법전을 편찬함에 있어서 지나치게 영미
법계의 입법과 이론을 수용한 것에 대응하여 현행민법[일본민법]의

---

99) 尹大成, 위의 논문(1997.6), 411면.
100) 尹大成, 위의 논문(1997.6), 410면.

개정수준에서 대륙법계의 시스템을 취하고자 하였음을 알 수 있다. 따라서 대륙법계인 독일민법을 근거로 한 일본민법을 개정 또는 신설하는 방향으로 한국민법전을 편찬하고자 하였던 것이다. 이로 인하여 물권변동에 있어서 등기 또는 인도를 효력요건으로 함으로써 대륙법계 가운데 독일민법에로의 회귀를 시도하기에 이르렀다.

제5절 **結 語**

지금까지 미군정기(1945~1948)에 있어서 민법학은 무엇을 대상으로 하였는가를 살펴보았다. 우리나라는 일제의 지배로부터 해방됨과 동시에 미군정이 실시되었지만 미군정청은 독립국가로서 독자적인 민법전을 가져야 한다는 목적 아래에 한국민법전편찬사업을 추진하였던 것이다. 미군정청 법전기초국은 영미법계의 입법과 이론을 바탕으로 한 영미민법학에 의한 한국민법전초안을 완성시켰다. 그러나 일제지배기를 거치면서 대륙법계인 일본민법에 잘 길들여진 한국 측 법률가들은 이를 수용하지 못하였다. 그러한 가운데 남조선과도정부 법전기초위원회가 한국 측 법률가들로 구성되어서 조선임시민법전편찬요강이 이뤄졌던 것이다. 그 결과 우리나라에서 새로운 법전으로서의 민법전이 성문화될 기회를 잃고 대륙법계에 속하는 일본민법을 개정하는 수준에서 한국민법전이 편찬되게 되었다는 역사적인 사실을 확인할 수 있었다. 그럼에도 불구하고 미군정기의 한국민법전편찬사업은 우리 정부가 수립된 이후에 1948년 9월 13일 대통령 제4호로 법전편찬위원회직제를 공포하여 법전편찬위원회가 설치되어서 민법분과위원회에 의하여 계속되었다.[101] 따라서 미군정청 법전기초국의 한국민법전초안에 의한 영미민법학의 결실은 남조선과도정부 법전기초위원회의 조선임시민법전편찬요강에 의하여 대륙민법학으로의 회귀가 되었을지라도 연속성이 단절된 것으로 볼 수는 없다 할 것이다. 이와 같은 과정에서 한국 측 법률가들에게 영미민법학을 비롯한 영미법학에 의한 충격은 매우 컸던 것만은 부인할 수 없다. 그 이후 우리나라에서 미국법학의 융성을 보기도 하였기 때문이다. 이와 같은 미국법학의 영향은 논문 및 역서를 통하여 나타났다.[102] 먼저 논문으로는 "미국법의 이론",[103] "미국법학사조",[104] "미국의 현실주의적 법학",[105] "미국 Realism법학의 역사적 배경 및 철학적 기초",[106] "美國法에 있어서 現實主義의 法理論",[107] "영미법상의 금반언",[108] "우리나라 현행법제와 영미법",[109] "최근 미국법학계의 동향: 특히 Yale대학을 중심으로",[110] "코몬로와 형평법"[111] 등이 있고, 다음으로 역서로는

---

101) 梁彰洙, "法典編纂委員會의 成立과 民法典編纂要綱", 梁彰洙, 「民法研究」, 제1권, (서울: 박영사, 1991), 64면 이하.

102) 崔鍾庫, 앞의 논문(1989.12), 118면 이하.

103) 張庚鶴, "美國法의 理論", 「法曹」 제6, 7호(1957.8).

104) 鄭範錫, "美國法學思潮", 「學術誌」 제1권(1957).

105) 崔栻, "美國의 現實主義的 法學", 「法學會誌」 제1권(정치대학, 1957).

106) 曹圭甲, "美國 Realism法學의 歷史的 背景 및 哲學的 基礎", 「法律學報」 제1호(동아대학, 1958).

107) 張庚鶴, "美國法에 있어서 現實主義의 法理論", 「法曹」 제7, 8 ~ 10호(1958.9.~11).

108) 玄勝鍾, "英美法上의 禁反言", 「考試界」 제18호(1958.8).

109) 朴光緒, "우리나라 現行法制와 英美法", 「法制月報」 제4권제5호(1962.5).

110) 劉基天, "最近 美國法學界의 動向: 특히 Yale大學을 中心으로", 「大學新聞」, 1958.5.5.

「순수법학」,112) 「법과 평화」,113) 「마르크스주의 법이론」,114) 「법과 국가의 일반이론」,115) 「켈젠국가론」,116) 「법을 통한 평화」,117) 「국제법원리」,118) 「민주주의의 철학」,119) 「볼쉐비즘이론」120) 등 많은 연구가 행하여진 것도 그 영향이 아닐 수 없다.

그럼에도 불구하고 민법학의 영역에서는 여전히 대륙법계인 일본법학 내지 독일법학의 번역법학으로서 직접적인 학설계수가 그대로 이뤄짐으로써 민법전의 편찬에서뿐만 아니라 민법학에 있어서도 대륙민법학의 일변도에 의한 찬란한(?) 꽃을 피우는 결과가 되고 말았다.

---

111) 李炳勇, "코몬로와 衡平法", 「法曹」 제6권9호(1957.10).

112) 黃山德 역, 「純粹法學」(Reine Rechtslehre)(명선공업문화사, 1949).

113) 張庚鶴 역, 「法과 平和」(Law and Peace in International Relation)(제일문화사, 1954).

114) 張庚鶴 역, 「마르크스主義 法理論」(The Communist Theory of Law)(일조각, 1958).

115) 黃山德 역, 「法과 國家의 一般理論」(General Theory of Law and State)(백영사, 1959).

116) 金基洙 역, 「켈젠國家論」(General Theory of Law and State의 제2부)(신문사, 1957).

117) 閔庚植 역, 「法을 통한 平和」(Peace Through Law)(계문출판사, 1970).

118) 徐碩淳 역, 「國際法原理」(Principles of International Law)(일조각, 1961).

119) 韓庸熙 역, 「民主主義의 哲學」(Foundation of Democracy)(대문출판사, 1970).

120) 李東華 역, 「볼쉐비즘 理論」(The Political Theory of Bolschevism)(법문사, 1973).

제5장 結論: 評價와 展望

지금까지 우리나라의 민법전이 편찬되기 이전의 민법학에 관하여 대한제국기, 일제지배기, 미군정기로 나눠서 살펴보았다. 각 시대의 민법학을 분석하고 검토한 결과는 해당되는 끝맺음에서 정리를 하였으나, 이것을 통괄하여 정리하면 다음과 같다.

먼저 대한제국기(1985~1910)의 민법학은 일본민법학을 통한 번역법학으로서 서양민법학의 소개를 한 것으로 보아야 할 것이다. 그 가운데 兪星濬의「法學通論」에 의한 민법학은 우리나라에서 처음으로 서양민법학을 소개한 것이 되고, 그 이후 초기 민법교과서에 의한 민법학이 비록 번역법학으로서 일지라도 우리나라 민법학의 체계적인 저술이 이뤄졌다고 할 것이다. 즉 당시 일본의 민법학에 관한 저서를 번역한 번역법학으로서의 민법학이 아닐 수 없다.[1] 그러나 성문의 민법이 없는 상황에서 법관이나 법률실무가를 양성하기 위하여 일본민법학에 의한 서양법의 이론계수가 번역법학으로서라도 이뤄졌음은, 성문의 민법전을 편찬하거나 불평등한 조약의 개정을 위한 것이라기보다도, 앞으로 일제에 의한 식민지배의 민법적 기초를 이루는 계기가 되었음은 지나칠 수 없다. 그럼에도 불구하고 대한제국기에 우리나라에서 兪星濬의「法學通論」이후에 민법학이 처음으로 몇 사람에 의하여 국한문을 혼용하였더라도 그것이 우리의 글에 의하여 교과서의 형식이지만 서술되었다는 것은 전통적인 율학[2]을 혁파하고[3] 민법학의 태동이 있었다는 역사

---

1) 崔鍾庫,「韓國法學史」(1990), 324면; 동, "開化期의 韓國民法 等",「民事法의 諸問題」(李在徹박사회갑기념)(1984) 참조.

2) 崔鍾庫, "韓國의 傳統的 法學: 韓國律學史",「法學」제62·63합병호(서울대법학연구소, 1985.10), 186~220면 참조.

3) 이에 대하여, 근대화의 과정에서 혁파·도태된 전통적인 율학과 사법제도에 대해서도 역사적인 연구와 재평가를 하여야 한다는 주장이 있다. 朴秉濠, "韓國法學敎育의 起

적 의미를 갖는다. 따라서 대한제국기의 민법학은 지금까지의 전통적인 율학을 혁파하고 서양민법학을 수립하는 초기적 단계에 있었다고 평가할 수 있을 것이다.

다음으로 일제지배기(1905~1945)의 민법학은, 통감부시대에 일본인 민법학자 梅謙次郎의 민법학에 의하여 부동산관습조사사업과 민사입법이 이뤄졌음을 알 수 있고, 총독부시대에는 조선민사령에 의한 의용민법에 관한 해석론으로서 우리나라의 전통법과 의용민법과의 조정을 위한 논의를 통하여 일본민법학에의 동화를 이룬 것을 알 수 있다. 이로써 우리나라에서의 민법학은 식민지 민법학으로서 일본민법학에의 동화를 위한 가장 융성한 시기를 이뤘다고 할 것이다. 결국 일제지배기의 민법학은 일본민법학과의 동화를 위한 것이었다고 평가할 수 있다. 지금까지 살펴본 바와 같이 일제지배기의 민법학은 우리나라의 율학을 완전히 혁파하고, 이미 대한제국기에 법관양성소에 의하여 접촉한 일본민법학이 통감부시대에 부동산법조사회에 의한 梅謙次郎의 민법학에 의하여 민사입법이 이뤄지게 되었으며, 합방 이후에는 조선민사령에 의하여 의용된 일본민법에 관한 민법학이 그 융성을 보면서 식민지 민법학으로서 일본민법학과 완전히 동화되었다. 그러나 오늘날 일제지배기의 민법학에 대한 재평가의 작업이 이뤄지고 있음은 바로 식민지 민법학으로서의 한계를 극복하고 우리나라 민법학의 정체성을 찾기 위한 것으로 보인다. 그 구체적인 예를 보면 다음과 같다. 먼저 朴秉濠 교수는 "近世의 土地所有權에 관한 硏究"[4]를 통하여 그 연구

源"(1996), 173면.

4) 朴秉濠, 「韓國法制史攷」(1983), 107면 이하.

사적 배경에서 일제지배기의 일본인 학자들의 논의를 들고서 이에 대한 검토를 거친 뒤에 결론적으로 "지금까지 근세토지소유에 대하여 법제사적 관점에서 분석해 보았다. 토지는 상속가능성, 처분가능성을 취득했으며, 토지소유권은 왕토사상하에서도 법률적으로나 사회적으로 확립되어 있으며, 토지의 사유는 결코 부정됨이 없이 시대를 내려오면서 강력히 의식되었다."[5]고 함으로써, 일제지배기의 민법학에서 부정되었던 우리나라의 토지소유권 내지 토지의 사유를 실증적으로 긍정하였다. 또한 沈羲基 교수는 "朝鮮後期 土地所有에 관한 硏究: 國家地主說과 共同體所有說批判"[6]에서 일제지배기의 관학파에 의하여 주장되었던 토지국유설(왕토사상)에 대한 비판을 통하여 일제지배기의 민법학에 대한 재평가를 하고 있다. 최근에 한국연사연구회 근대사분과 토지대장연구반에 의한 「대한제국의 토지조사사업」[7]을 통하여, 대한제국의 양전·관계사업과 일제의 토지조사사업을 함께 살펴보아야 하지만 이는 어디까지나 19세기 후반 조선봉건사회 자체의 구조와 발전이라는 측면에서 파악되어야 한다는 것을 확인하고 있다. 특히 토지의 소유 및 이용에 관한 법률제도의 변천을 통하여 일제에 의한 근대적 토지소유권의 확립을 비판적으로 밝히려는 시도가 있었다.[8] 한편 종중을 중심으로 한 단체적 소유에 관한 일제지배기의 민법학에 대하여도 그 왜

---

5) 위의 책, 232면.

6) 심희기, "조선후기 토지소유권에 관한 연구: 국가지주설과 공동체소유설비판"(1991).

7) 한국역사연구회 근대사분과 토지대장연구반, 「대한제국의 토지조사사업」, (서울: 민음사, 1995).

8) 윤대성, "한국의 토지법률제도의 과거·현재·미래", 「韓國 法學 50年 – 過去·現在·未來(Ⅱ)」(大韓民國 建國 50周年 紀念 第1回 韓國法學者大會 論文集), (한국법학교수회, 1998.12), 125~145면.

곡을 지적하여 재평가가 이뤄졌다.9) 또한 우리나라에 있어서 특수한 토지제도인 원도지, 전도지, 중도지, 개간도지 및 화리도지 등을 중심으로 한 일제지배기의 민법학에 대하여도 비판적인 재평가를 하고 있다.10) 그 밖에 전세에 대한 일제지배기의 민법학에 대하여도 저자는 "傳貰權法의 硏究"11)를 통하여 비판적으로 재검토한 바가 있다. 또한 저자는 「한국민사법제사연구: 일제의 한국관습법조사사업과 민사관습법」12)에서 일제의 관습법조사사업을 통하여 일제지배기의 민법학이 어떻게 식민통치의 기반을 조성하여 동화정책을 실현하였는가에 대하여 분석하여 평가한 바가 있다.

끝으로 미군정기(1945~1948)의 민법학은 일제의 지배로부터 해방을 맞은 우리나라의 민법전을 편찬하는 미군정청의 법전편찬사업과 함께 조미법률가협회에 의한 한국 측 법률가에게 소개된 영미법과 영미 민법학이 그 영향을 크게 받게 되었다는 사실이다. 우리나라는 일제의 지배로부터 해방됨과 동시에 미군정이 실시되었지만 미군정청은 독립국가로서 독자적인 민법전을 가져야 한다는 목적

---

9) 이호규, "한국전통사회에 있어서 단체적 소유: 특히 종중의 경우를 중심으로"(1987); 鄭貴鎬 "宗中法에 관하여"(1985), 78면 이하; 심희기, "계유재산의 소유이용관계와 총유: 동계(촌락공동체)를 중심으로"(1991), 198~230면.; 동, "종중재산분쟁의 원인과 해결방안의 모색(상)", 「법사학연구」, 제14호(한국법사학회,1993.12), 1~32면.; 동, "종중재산분쟁의 원인과 해결방안의 모색(하)", 「법사학연구」, 제15호(한국법사학회,1994.12), 1~15면.; 이덕승, "종중의 변화에 관한 일고찰: 안동지방의 종중을 중심으로", 「법사학연구」, 제15호(한국법사학회,1994.12), 16~46면.; 윤대성, "韓國人의 法俗에서 본 宗中과 宗中財産에 관한 法的問題", 「昌原地方辯護士會誌」, 제3호(창원지방변호사회,1998.12), 94~108면.

10) 鄭鍾休, 「韓國民法典의 比較法的研究」(1989), 121 - 131면; 愼鏞廈, 「朝鮮土地調査事業硏究」(1982), 247면 이하.

11) 尹大成, "傳貰權法의 硏究"(1997); 동, 「韓國傳貰權法硏究」(1998), 83면 이하.

12) 윤대성, 「한국민사법제사연구」(1997). 특히 한국법사학회에서는 '법, 그 속에 잔존하는 日帝遺産의 克服'이라는 대주제의 심포지엄을 통하여 일제의 지배를 통한 법에 있어서 잔재를 청산하고자 하는 기회를 가진 바가 있었다. - 심포지움 - "법, 그 속에 잔존하는 日帝遺産의 克服", 「법사학연구」, 제16호(한국법사학회,1995.12), 1~58면.

아래에 한국민법전편찬사업을 추진하였던 것이다. 미군정청 법전기초국은 영미법계의 입법과 이론을 바탕으로 한 영미민법학에 의한 한국민법전초안을 완성시켰다. 그러나 미군정청이 민상법통일법전을 편찬하고자 한 사실은 일제지배기의 통감부시대에 梅가 시도한 것[13])과 일치하는 것이었음은 민법학에서 볼 때에 그저 우연의 일치이었다고 할 것은 아니다. 왜냐하면 이와 같은 입장은 우리나라에는 서양에서와 같이 상인계층이 형성되어 있지 않았기 때문에 상법전을 별도로 편찬할 필요가 없다는 데에 있기 때문이다. 그러나 일제지배기를 거치면서 대륙법계인 일본민법에 잘 길들여진 한국 측 법률가들은 이를 수용하지 못하였다. 그러한 가운데 남조선과도정부 법전기초위원회가 한국 측 법률가들로 구성되어서 조선임시민법전편찬요강이 이뤄졌던 것이다. 그 결과 우리나라에서 새로운 법전으로서의 민법전이 성문화될 기회를 잃고 대륙법계에 속하는 일본민법을 개정하는 수준에서 한국민법전이 편찬되게 되었다는 역사적인 사실을 확인할 수 있었다. 그럼에도 불구하고 미군정기의 한국민법전편찬사업은 우리 정부가 수립된 이후에 1948년 9월 13일 대통령 제4호로 법전편찬위원회직제를 공포하여 법전편찬위원회가 설치되어서 민법분과위원회에 의하여 계속되었다.[14]) 따라서 미군정청 법전기초국의 한국민법전초안에 의한 영미민법학의 결실은 남조선과도정부 법전기초위원회의 조선임시민법전편찬요강에 의하여 대륙민법학으로의 회귀가 되었을지라도 그 연속성이 단절된 것으로 볼

---

13) 梅謙次郎, "韓國の法律制度に就て(下)"(1909), 796면; 동, "韓國の合邦論と立法事業"(1910), 740면 참조.

14) 梁彰洙, "法典編纂委員會의 成立과 民法典編纂要綱", 동, 「民法研究」 제1권(서울: 박영사, 1991), 64면 이하.

수는 없다 할 것이다. 이와 같은 과정에서 한국 측 법률가들에게 영미민법학을 비롯한 영미법학에 의한 충격은 매우 컸던 것만은 부인할 수 없다. 그 이후 우리나라에서 미국법학의 융성을 보기도 하였기 때문이다.[15] 그러나 일제의 지배로부터 해방을 맞아 미군정기의 혼란 속에서 민법전의 편찬에 관한 논의가 있었을 뿐 민법학의 발전은 거의 없었다고 할 것이다. 그 결과 일제지배기의 민법학은 우리나라의 정부가 수립되고 민법전을 우리의 손으로 편찬함에 있어서도 일본민법의 개정수준인 한국민법전의 법전편찬을 하기에 이르렀다. 따라서 우리나라의 민법학은 여전히 대륙법계인 일본법학 내지 독일법학의 번역법학으로서 대한제국기에서 본 바와 마찬가지로 직접적인 학설계수가 그대로 이뤄짐으로써 독자적인 민법학의 발전을 갖지 못하고 대륙민법학의 일변도에 의한 찬란한(?) 꽃을 피우는 결과가 되고 말았다고 평가할 수 있다.

그 결과는 앞에서 살펴보았듯이 일제지배기를 거치면서 우리 민법학의 정체성은 세우지도 못하고 말살되어 식민지 민법학으로서 일본민법학에의 동화가 이뤄졌고, 해방 이후 미군정기에 새로운 민법전의 편찬을 위한 노력이 있었음에도 불구하고 일본민법학을 벗어나지 못하였음을 보았다.

그렇다면 우리 민법학의 근간을 이뤘던 독일민법학도 최근에 독일민법전의 개정작업을 통하여[16] 영미민법학을 수용하는 경향을

---

15) 우리나라에서는 한번은 '물 건너갔다 와야' 행세를 하는 것처럼 인식될 정도였다고 하였다. 崔鍾庫, "韓國法의 近代化와 韓美法律交流"(1989), 117면; 구영록 외, 「韓國과 美國」, (서울: 박영사, 1983) 참조.

16) 김선이, "독일의 개정물권청산법 개관", 「비교사법」, 창간호(한국비교사법학회, 1995.2), 347~366면.; 소재선, "독일의 채권법개정 개관", 「비교사법」, 창간호(한국비교사법학회, 1995.2), 367~377면 등 참조.

갖는 것을 볼 때에 과연 우리 민법학은 어디로 가야 할 것인가?

이것은 무엇보다도 우리나라의 민법전이 제정된 이후의 민법학에 관한 분석과 검토를 통하여 이뤄져야 할 작업으로 생각된다. 이를 통하여 우리나라의 민법학은 민법전이 시행된 이후 무엇을 어떻게 해결하고자 노력하였는가에 대하여 되돌아보지 않을 수 없다.

우리나라의 민법전이 시행된 지 40여 년이 지난 지금 민법전(재산편)을 개정하기 위하여 계획되고 진행을 하고 있다. 이와 같은 민법전의 개정을 위하여 지금까지 의용민법(=일본민법)의 개정수준에서 편찬되어 시행되는 과정에서 우리 민법학이 어떠한 문제를 어떻게 해결하였는가를 먼저 분석하고 검토하여야 할 것으로 본다. 과연 우리 민법학은 현행 민법전(재산편)의 해석 적용에 있어서 무엇이 입법적으로 해결하여야 할 것인지가 정리되었는가에 의문을 갖는다. 다른 나라에서 어떻게 하니까 우리나라도 그렇게 하여야 한다는 생각에서 민법전을 개정하고자 한다면 그것이야말로 우리나라 민법학사에 커다란 잘못을 남기는 일이 되고 말 것이다. 민법전(재산편)개정작업은 우리나라의 민법학이 지금까지 이뤄 놓은 결과를 바탕으로 현대사회에서 시민으로서 생활함에 행위규범이 되는 동시에 재판규범이 될 수 있도록 충분한 논의와 검토를 거쳐서 이뤄지기를 기대한다. 더욱이 법조인을 양성하기 위하여 도입한 법학전문대학원은 미국식 로스쿨제도를 받아들임으로써 지금까지 대륙법을 바탕으로 한 현행 민법전을 해석하여 온 우리 민법학은 혼돈의 시대를 맞은 감이 없지 않다. 이와 같은 새로운 환경에 적합한 우리 민법전이 되도록 민법학계에서는 모든 노력을 기울여야 할 소명을 받았다고 할 것이다.

參考文獻

I. 資 料

부동산법조사회, 「韓國不動産ニ關スル調査記錄」, 1906.

_____, 「調査事項說明書」, 1906.9.

_____, 「韓國不動産ニ關スル慣例第一綴」, 1907.4.

_____, 「韓國不動産ニ關スル慣例第二綴」, 1907.6.

_____, 「韓國ニ於ケル土地ニ關スル權利一斑」, 1907.6.

_____, 「韓國土地所有權ノ沿革ヲ論ス」, 1907.

_____, 「韓國不動産調査要錄」, 1908.

조선총독부, 「施政報告」, 1910.

조선총독부 취조국, 「韓國慣習調査報告書」, 경성: 조선총독부, 1910.

_____, 「慣習調査報告書」, 경성: 조선총독부, 1912.

조선총독부 참사관실, 「慣習調査報告書」, 경성: 조선총독부, 1913.

조선총독부 중추원, 「民事慣習回答彙集」, 경성: 조선총독부 중추원, 1933.

_____, 「朝鮮舊慣制度調査事業槪要」, 경성: 조선총독부 중추원, 1938.

조선총독부 중추원 조사과 편, 「朝鮮田制攷」, 경성: 조선총독부 중추원, 1940.

한국사회과학연구협의회, 「日帝植民政策資料目錄」, 1979.

Boissonade, M. G., Projet de Code Civil pour l'émpire du Japon accompagné d'un commentaire par M. Gve Boissonade. tome 1~4, Tokio: XXⅡ annee de Meiji, 1880.

廣中俊雄 編, 「第九回 帝國議會の民法審議」, 東京: 有斐閣, 1986.

Lobingier, C., PROPOSED CIVIL CODE FOR KOREA, 1949.

내무부 치안국, 「美軍政法令集」, 서울: 병학사, 1946.

韓國法制研究會 編, 「美軍政法令總攬」(국문판), 1971.

자료, "法政뉴스", 「法政」, 제2권제11호, 1947.11.

자료, "朝鮮過渡立法議院速記錄(3)", 「南朝鮮過渡立法議院速記錄 121」,

1947.1.28.

자료, "朝鮮法制編纂委員會起草要綱(3)", 「法政」, 제3권제8호, 1948.8.

民議院 法制司法委員會 民法案審議小委員會, 「民法案審議錄(上卷)」,
　　　서울: 국회민의원, 1957.

The Publisher's Editional Staff(revised by), Deering's Civil Code of the
　　　State of California, adopted March 11, 1872, San Francisco:
　　　Bancroft－Whitney Co., 1949.

Leymann, A., Selected Legal Opinions of Department of Justice, United
　　　States Army Military Government in Korea, Seoul, Korea, 1948.

West Publishing Co., West's California Codes, CIVIL CODE, 1906
　　　Compact Edition, St. Paul, Minn.: West Publishing Co., 1996.

Ⅱ. 單行本

俞星濬, 「法學通論」, 漢城印刷株式會社, 1905(亞細亞文化社 영인본).

_____, 「法學通論」, 廣韓書林, 1905 / 1910(한국법제연구원 영인본).

申佑善, 「民法總論」, 養正義塾, 1907.

俞致衡, 「物權法 第一部」, 養正義塾, 1907.

_____, 「物權法 第二部」, 養正義塾, 1907.

朴晩緒, 「物權法 第二部」, 1907(?).

柳東作, 「物權法」, 1908(?).

石鎭衡, 「債權法 第一部」, 1907.

趙聲九, 「債權法 第二部」, 1907(?).

朴晩緒, 「相續法」, (?).

김병화, 「韓國司法史」(中世編), 서울: 일조각, 1974.

_____, 「韓國司法史」(現世編), 서울: 일조각, 1979.

김운태, 「日本帝國主義의 韓國統治」, 서울: 박영사, 1986.

_____, 「美軍政의 韓國統治」, 서울: 박영사, 1992.

김혁동, 「美軍政下의 立法議院」, 서울: 범우사, 1970.

김홍식 외, 「大韓帝國期의 土地制度」, 서울: 민음사, 1990.

박병호, 「韓國法制史攷」, 서울: 법문사, 1974.

_____, 「韓國法制史特殊研究」, 서울: 한국연구도서관, 1960.

송남헌, 「解放三十年史I, 1945~1948」, 서울: 까치, 1985.

_____, 「解放三十年史II, 1945~1948」, 서울: 까치, 1985.

신용하, 「朝鮮土地調査事業研究」, 서울: 지식산업사, 1982.

윤대성, 「韓國傳貰權法研究」, 서울: 삼지원, 1988.

_____, 「한국민사법제사연구」, 창원: 창원대학교출판부, 1997.

이영훈, 「朝鮮後期社會經濟史」, 서울: 한길사, 1988.

정종휴, 「韓國民法典의 比較法的研究」, 東京: 創文社, 1989.

_____, 「역사속의 민법」, 서울: 교육과학사, 1994.

최종고, 「法學史」, 서울: 경세원, 1986.

_____, 「韓國法學史」, 서울: 박영사, 1990.

_____, 「西洋人이 본 韓國法俗」, 서울: 과학교육사, 1989.

_____, 「韓國의 西洋法受容史」, 서울: 박영사, 1982.

한국역사연구회 근대사분과 토지대장연구반, 「대한제국의 토지조사사업」,
        서울: 민음사, 1995.

渡邊洋三, 「土地・建物の法律制度(上)」, 東京: 東京大學出版部, 1970.

梅謙次郎, 「民法要義 卷之一 總則編」, 東京: 有斐閣, 1985(覆刻版).

_____, 「民法要義 卷之二 物權編」, 東京: 有斐閣, 1985(覆刻版).

_____, 「民法要義 卷之三 債權編」, 東京: 有斐閣, 1985(覆刻版).

福島正夫, 「日本資本主義の發達と私法」, 東京: 東京大學出版部, 1988.

和田一郎, 「朝鮮土地地稅制度調査報告書」, 東京: 宗高書房, 1967(復
        刻版).

水本浩 / 平井一雄 編, 「日本民法學史・通史」, 東京: 信山社, 1997.

_____, 「日本民法學史・各論」, 東京: 信山社, 1997.

川村泰啓, 「個人史としての民法學: 思想の體系としての比較民法學を
        めざして」, 東京: 中央大學出版部, 1995.

廣中俊雄 / 星野英一 編, 「民法典の百年, I, II, III, IV」, 東京: 有斐
        閣, 1998.

McCune, George M. & Grey Jr., Arthur L., Korea Today, Havard Univ.
        Press, 1950.

Ⅲ. 論 文

姜洛周, "立木은動産인가不動産인가", 「法學界」 제1호, 1915.10.

金奎炳, "法律上所謂人이라稱홈은如何흔意義가有흔가", 「法協」 제1권제2호, 1908.12.

金炳魯, "重複賣買와重複抵當의刑事責任", 「法學界」 제2호, 1915.11.

김선이, "독일의 개정물권청산법 개관", 「비교사법」 창간호, 한국비교사법 학회, 1995.2.

金聖七, "寶と契", 「六曹」 제18호, 1937.1.25.

金昌煥, "所有權への論考", 「六曹」 제20호, 1939.2.20.

김효전, "韓國開化期의 法學教育", 「漢林 鄭樹鳳總長華甲記念論叢 (人文社會科學篇)」, 부산: 동아대학교, 1988.

南宮營, "契의研究", 「法學界」 제6호, 1916.6.

朴理根, "動産不動産의區別", 「法學界」 제4호, 1916.2.

박병호, "韓國法制史의 時代區分과 各時代의 特徵", 「近世의 法과 法思想」, 서울: 도서출판 진원, 1996.

_____, "韓國法學教育의 起源: 法官養成所와 京城帝大", 「近世의 法과 法思想」, 서울: 도서출판 진원, 1996.

朴時憲, "朝鮮農地令改正論", 「六曹」 제19호, 1938.2.25.

朴容牧, "現代に於ける私法原理思想を論す", 「六曹」 제16호, 1935.2.26.

朴河鎭, "朝鮮における小作管理慣行に關する管見", 「六曹」 제19호, 1938.2.25.

소재선, "독일의 채권법개정 개관", 「비교사법」, 창간호, 한국비교사법 학회, 1995.2.

申義湜, "法人の損害賠償義務を論す", 「六曹」 제12호, 1931.3.14.

심희기, "계유재산의 소유이용관계와 총유: 동계(촌락공동체)를 중심으로", 「법과 사회」 제4호, 서울: 창작과비평사, 1991.

_____, "조선후기 토지소유권에 관한 연구: 국가지주설과 공동체소유 설비판", 박사학위논문, 서울대학교 대학원, 1991.

_____, "종중재산분쟁의 원인과 해결방안의 모색(상)", 「법사학연구」 제14호, 한국법사학회, 1993.12.

_____, "종중재산분쟁의 원인과 해결방안의 모색(하)", 「법사학연구」 제15호, 한국법사학회, 1994.12.

安鍾五, "法人의 立法主義", 「法協」 제1권제1호, 1908.11.

安泰遠, "民法第五一三條第二項後段에對흔解釋論", 「法學界」 제5호, 1916.3.

양승두, "法官養成所에 관한 小考", 「世林韓國學論叢」 제1집, 1977.

에른스트 프랭켈, "成文法과 先決例", 「法政」, 1947.2. ~5.

柳基浩, "民法四七○條에債務者의調査事項의解釋", 「法學界」 제3호, 1915.12.

柳晩秀, "遺失物과埋藏物의意義", 「法學界」 제2호, 1915.11.

윤대성, "로빈기어의 <韓國民法典草案>과 캘리포니아州 民法典에 있어서의 婚姻法", 「法學의 現代的諸問題」(德岩 金柄大교수화갑기념), 1998.2.

_____, "<韓國不動産ニ關スル調査記錄>의 硏究: 日帝의 初期的韓國慣習調査事業(1905 - 1910)에 의한 不動産慣習法의 分析", 「논문집」 제14권, 창원: 창원대학교, 1992.7.

_____, "로빈기어 韓國民法典草案의 體系的 分析", 「경남법학」 제11집(경남대학교 법학연구소, 1995.

_____, "로빈기어의 <韓國民法典草案>과 美國 캘리포니아州 民法典에 있어 서의 契約法", 「民事法學의 諸問題」(允聲 嚴英鎭敎授華甲紀念), 1997.11.

_____, "로빈기어의 <韓國民法典草案>과 美國 캘리포니아州 民法典에 있어서의 不法行爲法", 「民法의 課題와 現代法의 照明」(耕巖 洪天龍博士華甲紀念), 1997.11.

_____, "로빈기어의 <韓國民法典草案>과 캘리포니아州 民法典에 있어서의 婚姻法의 比較", 「社會科學硏究」, 제4집, 창원대학교 사회과학연구소, 1988.3.

_____, "로빈기어의 韓國民法典草案과 物的擔保法의 體系", 「논문집」 제16권, 창원대학교, 1994.

_____, "로빈기어의 韓國民法典草案과 傳貰權", 「논문집」 제15권, 창원대학교, 1993.

_____, "로빈기어의 韓國民法典草案과 캘리포니아州民法典과의 比較", 「현대민법학의 신전개」(범주 이영환교수정년기념), 부산대학교 법학연구소, 1997.

_____, "美軍政期(1945 - 1948)의 民法學", 「民事法의 實踐的 課題」(한도정환담교수화갑기념논문집), 서울: 법문사, 2000.2.

_____, "美軍政時代(1945 - 1948)의 韓國民法典編纂事業과 로빈기어의 <韓國民法典草案>에 관한 研究"(1) (1995년도 교육부지원 한국학술진흥재단 지방 대학육성과제 연구비에 의한 연구), 「比較私法」, 제4권제1호, 한국비교사법학회, 1997.6.

_____, "美軍政時代(1945 - 1948)의 韓國民法典編纂事業과 로빈기어의 <韓國 民法典草案>에 관한 研究"(2), 「比較私法」, 제4권제2호, 한국비교사법학회, 1997.12.

_____, "兪星濬의 <法學通論>에서의 民法學", 「法理論과 實務」 제3집, 영남민사법학회, 1999.12.

_____, "日帝의 初期的 韓國慣習調査事業과 不動産立法", 「私法의 諸問題」(耕虛 金洪奎박사화갑기념Ⅱ), 서울: 삼영사, 1992.

_____, "日帝支配期(1905 - 1945)의 民法學", 「社會科學研究」 제6집, 창원대학교 사회과학연구소, 2000.2.

_____, "傳貫權法의 研究", 박사학위논문, 성균관대학교 대학원, 1997.

_____, "韓國民法典 以前의 民法學: 兪星濬의 <法學通論>에서의 民法學", 「成均館法學」 제11호, 성균관대학교 비교법연구소, 1999.12.

_____, "韓國民法典 以前의 民法學(Ⅱ): 初期 民法教科書에 의한 民法學", 「現代法學의 課題와 展望」(觀淡 金允求博士華甲記念), 서울: 법문사, 1999.11.

_____, "韓國民法典編纂에 미친 英美法의 影響: 美軍政時代(1945 - 1947)의 民法典編纂과 로빈기어(Lobingier, C.)의 韓國民法典草案(Proposed Civil Code for Korea)을 중심으로", 「비교사법」, 창간호, 한국비교사법학회, 1995.

_____, "日帝의 韓國慣習法調査事業에 관한 研究"(1991년도 교육부지원 한국학술진흥재단의 자유공모과제 학술연구조성비에 의한

연구), 「재산법연구」 제9권제1호, 한국재산법학회, 1992.

_____, "美軍政時代(1945 - 1948)의 韓國民法典編纂事業: 法律顧問官의 役割을 중심으로", 「헌법학과 법학의 제문제」(효산 김계환 교수화갑기념), 서울: 박영사, 1996.

_____, "韓國人의 法俗에서 본 宗中과 宗中財産에 관한 法的問題", 「昌原地方辯護士會誌」, 제3호, 창원지방변호사회, 1998.12.

_____, "한국의 토지법률제도의 과거 · 현재 · 미래", 「韓國 法學 50年 -過去 · 現在 · 未來(Ⅱ)」(大韓民國 建國 50周年 紀念 第1回 韓國法學者大會 論文集), 한국법학교수회, 1998.12.

李景俊, "法律行爲와意思表示의關係", 「法學界」 제6호, 1916.6.

_____, "不動産物權의得喪 · 變更에關ᄒ登記의性質及第三者에對抗ᄒ을不得하는意義를論흠", 「法學界」 제3호, 1915.12, 제4호, 1916.2.

이덕승, "종중의 변화에 관한 일고찰: 안동지방의 종중을 중심으로", 「법사학연구」 제15호, 한국법사학회, 1994.12.

李秉浩, "權利濫用隨考", 「六曹」 제18호, 1937.1.25.

李弼殷, "能力", 「法協」 제1권제2호, 1908.12.

이호규, "한국전통사회에 있어서 단체적 소유: 특히 종중의 경우를 중심으로", 석사학위논문, 서울대학교 대학원, 1987.

李晦鍾, "被用者による使用者の責任を論す", 「六曹」 제15호, 1934.2.27.

이희봉, "韓末法令小考", 「학술원논문집」(인문사회과학편) 제19집, 서울: 대한민국학술원, 1980.

정귀호, "宗中法에 관하여", 「民法論叢」(厚巖 郭潤直교수화갑기념), 서울: 博英社, 1985.

정용욱, "1942 - 47년 美國의 對韓政策과 過渡政府形態 構想", 박사학위논문, 서울대학교 대학원, 1996.2.

차알스 로빈기어, "日本民法改正私案", 「法政」 제2권제2호, 1947.2.

崔東曦, "果實에對ᄒ法律上意義", 「法學界」 제1호, 1915.10.

_____, "轉質의性質을論흠", 「法學界」 제2호, 1915.11.

崔丙柱, "所有權, 水利權を中心とする洑の法律關係", 「司協」 제18권 제5호, 1939.

_____, "所有權, 水利權を中心とする洑の法律關係(二)", 「司協」 제18

권제6호, 1939.

최종고, "開化期의 法學敎育과 韓國法律家의 形成: <法官養成所>와 <普專>의 敎科와 敎授陣을 中心으로", 「法學」 제45호, 서울 대법학연구소, 1981.3.

_____, "開化期의 法學書", 「韓國近代法制史料叢書」, 서울: 아세아문 화사, 1982.

_____, "開化期의 韓國民法 等", 「民事法의 諸問題」(李在澈박사회갑 기념), 1984.

_____, "法官養成所(法史餘滴 28)", 「法律新聞」, 1967.7.6.

_____, "韓國法의 近代化와 韓美法律交流", 「法史學硏究」 제10호, 한국법사학회, 1989.

_____, "韓國의 傳統的 法學: 韓國律學史", 「法學」 제62・63합병호, 서울대학교 법학연구소, 1985.10.

_____, "韓末과 日帝上 '法學協會'의 活動", 「愛山學報」 제2집, 1982.

崔宗錫, "權利義務의 發生及其의 發展", 「六曹」 제12호, 1931.3.14.

崔鎭, "民事令施行前永小作權取得原因을論홈", 「法學界」 제1호, 1915.10.

韓來源, "留置權に於ける所謂他人の物", 「六曹」 제17호, 1936.2.25.

黃聖秀, "黎明期", 「法律新聞」, 1982.9.13.

岡孝, "梅謙次郎著書及び論文目錄", 「法學志林」 제82권제3, 4합병호 (제659호), 東京: 法政大學, 1985.

____, "明治民法と梅謙次郎: 歸國100年を機にその業績を振り返る", 「法學志林」 제88권제4호, 東京: 法政大學, 1991.3.

____, "明治民法と法政大學: 歸國百年を紀念して", 「法政」, 東京: 法政大學, 1991.

高橋隆二, "合有權を訴訟物とする訴の當事者適格", 「司協」 제7권제 10호, 1928.

_____, "宗中財産を續る法律關係に就て", 「司協」 제19권제10・11 호, 1940.

吉田平治郎, "朝鮮に於ける慣習と民事法規の關係", 「司協」 제2권제4 호, 1923.

吉川圓平, "賣買は賃貸借を破るか", 「司協」 제21권제5호, 1942.

多田吉鍾, "祭位土ノ總有性ニ就テ", 「司協」 제1권제3호, 1922.

_____, "平南中和の賭地權に就て", 「司協」 제2권제12호, 1923.

_____, "宗中財産の査定と登記", 「司協」 제4권제1호, 1925.

_____, "宗中財産の査定と登記(二)", 「司協」 제4권제2호, 1925.

_____, "宗中財産の査定と登記(三)", 「司協」 제4권제3호, 1925.

藤田東三, "朝鮮相續法(朝鮮親族法續篇)", 第五冊 「法學論纂」, 京城:
刀江書院, 1932.11.

梅謙次郎, "法人ニ關スル韓國慣習法一斑", 「法協」 제27권제5호, 1909.

_____, "韓國の法律制度に就て(下)", 「東京經濟雜誌」 제1514호, 1909.10.

_____, "韓國の合邦論と立法事業", 「國際法雜誌」 제8권제9호, 1910.

_____, "韓國ノ典當", 「法協」 제27권제10호, 1909.

法務局長, "宗中又ハ門中代表者ノ選任竝書院ノ人格代表ニ關スル件",
(通牒), 「司協」 제11권제1호, 1932.

山中康雄, "雙方的債權關係における對價的關聯性の實現方法", 第十
五冊 第二號, 京城: 朝鮮行政學會, 1944.8.30.

三宅鹿之助, "賠償問題の史的考察", 第四冊 「法政論纂」, 京城: 刀江
書院, 1931.12.

石田常英, "朝鮮山林の現況に就て", 「司協」 제8권제8호, 1929.

小野勝本太郎, "改正朝鮮小作調停令私見", 「司協」 제15권제3호, 1936.

小柳春一郎, "明治前期の民法學: 法學協會における設例討論を素材と
して", 水本浩 / 平井一雄 編, 「日本民法學史・通史」, 東京: 信
山社, 1997.

松寺 法務局長, "朝鮮民事令等の改正に就て", 「司協」 제8권제5호,
1929.

松井茂, "韓國ニ於ケル遺失物取扱慣例", 「法協」 제27권제10호, 1909.

松坂佐一, "羅馬法に於ける履行補助者の過失による債務者の責任につ
いて", 第五冊 「法學論纂」, 京城: 刀江書院, 1932.11.

_____, "債權者代位權", 第八冊 「判例と理論」, 京城: 刀江書院,
1935.11.

_____, 積極的債權侵害の本質", 第十五冊 第一號, 京城: 朝鮮行

政學會, 1944.2.29.

水野正之凾, "査定ト確定判決ノ牴觸ニ就テ", 「司協」 제1권제1호, 1922.

_____, "査定ト確定判決ノ牴觸ニ就テ(承前完)", 「司協」 제1권제
2호, 1922.

安田幹太, "家屋と敷地の法律關係", 第八冊 「判例と理論」, 京城: 刀
江書院, 1935.11.

_____, "法律解釋における主知と主意", 第三冊 「私法を中心とし
て」, 京城: 刀江書院, 1930.9.

野村調太郎, "朝鮮に於ける小作の法律關係(一)", 「司協」 제8권제5호, 1929.

_____, "朝鮮に於ける小作の法律關係(二)", 「司協」 제8권제6호, 1929.

_____, "朝鮮に於ける小作の法律關係(三)", 「司協」 제8권제7호, 1929.

_____, "朝鮮に於ける小作の法律關係(四)", 「司協」 제8권제8호, 1929.

_____, "朝鮮に於ける小作の法律關係(五)", 「司協」 제8권제9호, 1929.

_____, "朝鮮に於ける小作の法律關係(六)", 「司協」 제8권제11호,
1929.

_____, "位土", 「司協」 제18권제10호, 1939.

_____, "宗中に關する法律關係", 「司協」 제18권제11호, 1939.

有泉 亨, 不法行爲論の操作的構成", 第十二冊 第二號, 京城: 朝鮮行
政學會, 1941.10.

笠井 法務局長, "朝鮮小作爭議解決の新立法成る", 「司協」 제12권제1
호, 1933.

笠井 法務局長, "朝鮮小作調停令に關して", 「司協」 제12권제1호,
1933.

中樞院議長, "宗中又ハ門中ニ關スル件", <司法資料>, 「司協」 제19
권제5호, 1940.

增永正一, "朝鮮小作調停令私論", 「司協」 제12권제3호, 1933.

_____, "朝鮮小作調停令私論(二・完)", 「司協」 제12권제4호, 1933.

津曲藏之丞, "朝鮮に於ける小作問題の發展過程", 第二冊 「朝鮮經濟
の研究(第一)」, 京城: 刀江書院, 1929.9.

_____, "契約自由と勞働法の指導原理", 第三冊 「私法を中心と
して」, 京城: 刀江書院, 1930.9.

淺見倫太郎, "朝鮮法系ノ歴史的研究", 「法學協會雜誌」 제39권제8호, 1921.

清水源, "火田の現況", 「司協」 제권제호(복사불양으로 미상).

軸原壽雄, "所謂禾利賣買と不法原因給付に付て", 「司協」 제20권제9호, 1941.

_____, "所謂禾利賣買と不法原因給付に付て(二)", 「司協」 제20권제10호, 1941.

巴也之生, "決訟類聚－譯抄, 裁判官の虎の卷", 「司協」 제9권제3호, 1930.

喜頭兵一, "種類債務と履行に代る損害賠償の豫備的請求", 第八册「判例と理論」, 京城: 刀江書院, 1935.11.

윤대성

▎약 력

　성균관대학교 법률학과 졸업
　성균관대학교 대학원 법학박사
　창원대학교 학생처장, 기획연구실장
　창원대학교 사회과학대학 학장
　행정대학원장, 노동대학원장
　한국민사법학회 부회장
　한국법사학회 이사
　현, 창원대학교 법학과 명예교수

▎주요논문 및 저서

　한국전세권법연구(1988)
　한국민사법제사연구(1997)
　주석민법[물권(3)](공저, 2001)
　근대법의 수용과정에 있어서 전세관습의 변용(1984), 일제의 한국관습법조사사업에 관한
　연구(1992), 미군정시대(1945~1948)의 한국민법전편찬사업과 로빈기어의 〈한국민법전초
　안〉에 관한 연구(1997), 대한제국의 광무양안에 의한 근대적 소유권의 확립(2001), 傳貰權
　の歷史と解釋(2005), 전세권과 미등기전세와의 관계: 입법론적 검토(2007), 전세권과 전권
　의 비교연구(2007), 조망이익침해의 위법성(2008), 기업도산과 임금채권의 보장(2008) 등

韓 國 民 法 學 史 序 說
한국민법학사서설
한국민법전 이전의 민법학

초판인쇄 ｜ 2009년 2월 20일
초판발행 ｜ 2009년 2월 20일

지은이 ｜ 윤대성
펴낸이 ｜ 채종준
펴낸곳 ｜ 한국학술정보㈜
주　소 ｜ 경기도 파주시 교하읍 문발리 513-5 파주출판문화정보산업단지
전　화 ｜ 031) 908-3181(대표)
팩　스 ｜ 031) 908-3189
홈페이지 ｜ http://www.kstudy.com
E-mail ｜ 출판사업부 publish@kstudy.com

등　록 ｜
가　격 ｜ 22,000원

ISBN　978-89-534-1135-7 93360 (Paper Book)
　　　　978-89-534-1136-4 98360 (e-Book)

내일을여는지식 은 시대와 시대의 지식을 이어 갑니다.